男を政界から追い出そう

本書には一部過激な表現をしている部分がございますが、個人的な憎悪を助長する意図は一切ないことをお断りいたします。また登場する人物名は、一部敬称を省略しております。ご了承下さい。

編集部

はじめに

私は現在、東京四谷で気功教室を開いていますが、この地で「気功サロン」として営業を始めてから、２０２４年４月で12年目に入りました。これもひとえにサロンをご利用いただいた皆様方のお陰と感謝しております。

さて、気功サロンのホームページには私の意見(考え)を述べる箇所が二つあります。ひとつは「お知らせ」。もう一つは「中島克己のブログ」というコーナーです。この二つに掲載する内容は意識して分けております。

「お知らせ」コーナーでは、私の仕事である気功に関する事柄を中心に、東洋医学や西洋医学、健康、病気、身体や生命など、主に健康や医学に関する話を載せてきました。

一方、「中島克己のブログ」では、これらとは関係のない話——私の人生観や世界観、生き方等の哲学的側面と、また世界平和の願いを込めて、あえて政治や宗教、社会問題などを取り上げてきました。

前著「バランス思考」では陰陽の概念を元に、バランスという観点から、主に「お知らせ」に記載した内容を書いてきましたが、本書では「中島克己のブログ」の内容を中心に載せています。つまり本書では気功の話は一切出てきません。

それは気功という仕事も、この私の人生観の上に成り立っているわけで、私の人生観、世界観という哲学がベースになければならないと思っているからです。だから本書を出版したのは、ぜひとも皆様方にこのベースである哲学を知ってほしいと思ったからです。

日本には「道」のつくものがたくさんあります。柔道、剣道、合気道、相撲道、空手道のほか、茶道や華道、書道などです。これらの「道」は精神性を表しているのです。これらの「道」に関する道場や塾のほか、日本にはさまざまな「教室」があります。音楽や絵画、英会話、いろいろな趣味のサークルなどです。気功サロンもその一つです。そこではその独自のパフォーマンスを上達させるためのノウハウや技術が教えられています。しかし本当に大切なのは、その奥にあるコアの部分である精神性や人生観、世界観、生き方などの哲学なのではないでしょうか。

大相撲で相手を土俵の外に投げ飛ばした時、負けた力士が土俵に上がる際に勝った力士が手を差し伸べ、引っ張り上げるシーンをテレビで何度も見ました。負けた相手への配慮と礼節を重んじる心がそこにはあるのです。

以前、横綱の朝青龍が相手力士を投げ飛ばしてガッツポーズをしたことが批判されました。模範となるべき横綱のあるまじき行為だというわけです。

オリンピックなどのスポーツイベントでも、当然勝った者と負けた者が出るのですが、試合が終わった後は両者が握手し、抱き合うシーンを見ることがあります。お互いがその健闘をたたえあっているわけです。これがスポーツマンシップであり、見る者を感動させるのです。

勝ち負けがあると言っても、戦争とスポーツの違いはここにあります。スポーツには「感動」や「美」があるのに対し、戦争にはそれらがないばかりか、多くの人々に悲しみや憎しみ、怒り、苦悩、絶望をもたらすのです。

政治や宗教、イデオロギーといったテーマについては、私は人と議論することを好みません。なぜなら上記の事柄に関しては、信条とか信念を持っている場合が多く、意見が異なる時は神学論争になりやすく、お互い平行線をたどり、人間関係が気まずくなる場合があるからです。

しかし今回、あえて書籍にすることで、私の信条を問うことにしました。その理由は、世界平和を実現するにはどうしたらいいか、それを真剣に考えていただきたかったからです。

現代は核の時代です。地域的な紛争が核戦争に発展しないとも限りません。実際プーチンはウクライナ戦争のさなか、核兵器の使用をチラつかせているではありませんか。

私はすでに高齢者の仲間入りをしていますので、そんなに長くは生きられないでしょう。しかし、私の子供たち、孫たち、またその子供たちの時代になった時、この世界はどうなっているのでしょうか。私はとても心配なのです。

本書を手に取った皆様方が世界平和を真剣に願い、また行動し、そして自分の人生を幸福に導くヒントを得られたのなら、著者としてこれほどの喜びはありません。


本書は3部構成になっています。

第1章では世界平和を実現するための二つの方策について書きました。一つは政治システムについて。もう一つは最も身近ながら未だに謎となっている死後についてです。ここに解決の糸口があると私は思っているのです。

第2章では人生を幸福に生きるためのヒントを書きました。

第3章ではその延長線として「般若心経」を取り上げました。なぜならこのお経は、悩みというものが一切なくなるというヒントを、観音様が知恵第一といわれた仏陀の弟子「舎利子」に語っているお経だからです。その神髄である「空」の解釈について、私なりの考えを書きました。

これらの章のはじめには、導入として本質的な話をし、その後で「中島克己のブログ」よりそれに関連する記事をピックアップして載せました。ブログの記事は古いものもあり、多少加筆した部分もありますが、原則として当時の状況に沿ったものになっています。だから時間の経過とともに新しい状況が生まれ、話が合わなくなることもあるかもしれませんが、ご理解のほどお願い申し上げます。

目次

第2節　輪廻転生

第2章　幸福な人生を生きるヒント

目次

第3章　般若心経解釈

第1章

――世界平和を実現するための二つの方策

第1節　政治システム

どこの国でも政治は女性にまかせよう

私はかねてからある疑問を持っていました。それは戦争と平和のどちらの状況を好みますか、と質問したら、おそらく99・9％の人は平和と答えるでしょう。まあ中には変わった人がいて、戦争という殺すか殺されるかという緊張状態を好むという人がいるかも知れませんが、そんな人は少数派で、ほとんどの人は平和な世の中を望んでいるはずです。それなのになぜ、この世からほとんどの人が望まない戦争がなくならないのでしょうか。

人類は太古の昔から戦争という殺し合いをしてきました。現在もウクライナやパレスチナ（イスラエル領となっているガザ地区）で殺戮が行われています。また昔からどの国でも政治的な指導者は男性ですよね。現代は女性の指導者も増えてきましたが、まだまだ少数です。特に日本はそうですね。だから戦争は男たちがやってきた、と言っても過言ではないでしょう。

ただ例外的には女性が関与した戦争もあります。たとえば１９８２年にアルゼンチンとイギリスの間で起こったフォークランド紛争ですが、当時のイギリスの首相サッチャーはこの戦争に反撃しただけで、戦争を仕掛けたわけではありません。また、フランスとイギリスの間で起こった百年戦争で大活躍したジャンヌ・ダルクも戦闘の指揮はとったけれど、この戦争の仕掛け人ではありません。

日本も歴史上、戦国時代という争いの時代がありました。この時代は合戦の連続で、各地で戦いが繰り広げられてきました。当時の名だたる武将は織田信長をはじめ豊臣秀吉、徳川家康、武田信玄、上杉謙信、明智光秀、伊達政宗、柴田勝家、朝倉義景など数え上げたらキリがありませんが、みな男性です。家督を継ぐのが男というのが常識の時代ですから、これも当然のことなのでしょう。

歴史上、男性がすべての戦争を仕組んできた。これは事実でしょう。現代でもメディアで報道されないだけで、世界の各地で戦闘は続いているのです。それなら世界のすべての国や地域の政治指導者が女性なら、世界からあらゆる紛争はなくなり、世界平和は実現しているのでしょうか。それは分かりません。しかし次のような質問を皆様にしたいと思います。「もしプーチンが女だったら、ウクライナ戦争は起こっていただろうか？」、「もしハマスのトップや指導者が全員女だったら、イスラエルの首相や政治、軍部の指導者がみな女だったら、ガザ地区でのこんなに惨い戦闘が起こっていただろうか？」と。たぶん二つの戦争は起こっていなかったろう、と私は思っているのです。

その理由は、男性と女性を特徴づける性ホルモンで説明できると思われます。男性ホルモンのテストステロンと、愛情ホルモンと言われるオキシトシンによる影響です。

戦争を防ぐためにはどうしたらいいのでしょうか。そのポイントは共感性だと私は思っているのです。共感とは人の喜びや悲しみ、怒りといった感情を共有することです。人の喜びを自らの喜びとし、人の悲しみを自らの悲しみとする感情です。これは生理学的にはオキシトシンというホルモンの影響によるものと考えられています。オキシトシンは別名、愛情ホルモンと呼ばれ、相手を保護し慈しむように導くのです。この共感は愛の証でもあるのです。

皆さんの愛する人を思い浮かべてみましょう。恋人でもパートナーでも子供でも孫でも、あるいは親友でもペットでもいいのです。その人が楽しく笑っていれば自分も嬉しくなるし、悲しんでいれば自分も悲しくなります。お腹が痛いと苦しんでいれば、その痛みを引き受けたくなります。これが愛であり、その底には共感があるのです。

さて、私たちは戦争による悲惨な映像をテレビで見ることがあります。家や子供を失って絶望し、悲嘆にくれている人たちを見ると胸が苦しくなります。共感力の高い人なら、このような映像を見れば、絶対に戦争はしてはならないと強く心に思うでしょう。

ところで、この共感性にはあきらかに性差があるのです。男性は女性に比べて共感力が低いのです。男性ホルモンのテストステロンがオキシトシンの発現を弱め、共感力を低めてしまうのです。

テストステロンは向上心やバイタリティーを高め、闘争本能をかきたてます。これらが良い方向へ向かえばいいのですが、悪い方向へ向かえば争いが起き、それが戦争に発展してしまうのです。

男性が女性よりも暴力的なのは間違いありません。刑法犯罪の検挙率を見ると男性は女性の約４倍ですが、暴力的な殺人や強盗に限れば、圧倒的に男性が多いのです。また囚人においても、暴力的な罪を犯した人のテストステロン濃度は、そうでない人に比べて高いそうです。ネズミを使った実験でも、テストステロンを投与されたネズミはけんかっ早くなるといいます。実際人間でも、あおり運転するような人はみな男性ですよね。暴力団という組織を見ても、組長や構成員はみな男性です。

織田信長や徳川家康が活躍した日本の戦国時代には鷹狩りが盛んに行われていました。鷹狩りとは鷹を使って白鳥やキジ、ウサギなどの小動物を捕獲する狩りですが、武士の嗜みであり、アウトドアの娯楽として行われていました。

欧米でも銃を使ったハンティングは今でも行われています。鹿やイノシシなどを仕留めて解体し、その肉をバーベキューで食したりするのですが、これらは肉食動物が草食動物を殺すという、生きるための自然の摂理とは違って、娯楽という楽しみで動物の命を奪っているのです。

これら狩りやハンティングをやっているのは、ほとんど男たちではないでしょうか。殺される側の動物たちの心に寄り添う共感性をそこに見出すことはできません。

このように見てきますと、共感力が低いのは悪いことばかりだと思いがちですが、実は男性が女性よりも共感力が低いのは、進化の視点から当然の帰結とされています。その視点とは何か？ それは生物の二大本能である「生存」と「生殖」です。生物はみな生きるために食料を求めます。また捕食者から必死に逃れて生きようとします（生存）。また何とか自分の遺伝子を後世に残そうとします（生殖）。

人類の歴史を見れば、チンパンジーから分かれた５００万年、６００万年前（諸説あります）から、人類は長い間狩猟生活を続けてきました。農耕が始まったのは約1万年前ですから、比較にならないほど長く狩猟生活、つまり食料として多くの動物たちを殺してきたわけです。共感力が高くて、殺される動物たちの苦しみや悲しみにいちいち共感していたら、狩りはうまくいかないでしょう。

また、繁殖戦略という点からも、男性の共感力の低い理由は説明できます。生殖に関しては、オスは「競争」、メスは「選択」と言われているのです。野生の動物たちを見ていると、なわばりやメスをめぐってオスどうしが争い、時には大けがをさせて死に至らしめることもあるわけです。メスはその状況を見ていて、できるだけ強いオスの遺伝子をゲットしようと目論むのです。

最近は日本でも熊による被害が多発しています。特に親子連れの熊には注意しなければなりません。この場合の親子は母熊とその子供です。子供を守るために母親は必死になるのです。だから偶然出会った人間を危険とみなし、攻撃してくるわけです。父親は子育てに協力しないのですね。それどころか、親子熊の場合、母熊は別の大人のオス熊から子供を守らなければならないのです。うっかりしていると、オス熊が子熊を食い殺してしまうからです。ライオンの子殺しはとても有名な話です。ライオンのオスは数頭のメスを従え、ファミリーをつくっていますが、そこにどのファミリーにも属さないオスが現れ、ファミリーを乗っ取ろうと、ボスのオスに闘いを挑むことがあります。

ここでこの乗っ取りオスが勝つと、ファミリーを支配するために、そこにいた1歳未満の子供たちを殺してしまうのです。彼らは自分の子供ではないし、将来ライバルになるかも知れないからです。またメスが授乳している場合は発情しないので、子供を殺すことで発情を促すとも言われています。

これらの事例は競争におけるオスの暴力的な側面ですが、暴力を伴わないオスのメスをめぐる競争があります。アオアズマヤドリはオーストラリアに住む鳥で、その名のとおり青い鳥で、オスはメスに気に入られるためにアズマヤ(東屋)を造るのです。東屋は小枝などを組み合わせた構造物で、主に青い物（花びらや鳥の羽、ペットボトルのキャップ、ビニールひもなど）で飾り立て、メスに求愛するわけです。メスがその東屋を気に入れば、そこで交尾できるわけです。これもオスどうしが豪華な東屋造りの競争をしているわけですが、なかにはズルいオスがいて、他のオスが作った装飾品を盗んで、自分の東屋に飾ったりするそうです。そんな行動もメスはチェックしているというのですから、オスはやるせないですよね。

ガガンボモドキという昆虫は、メスへの求愛行動にプレゼント作戦をするので有名です。オスがメスに餌の虫をプレゼントし、メスがそれを気に入って食べれば、その間に交尾できるのです。メスが餌の種類や大きさに満足しなければ交尾できません。またここで面白いのは、オスがメスのふりをして他のオスを待ち、持ってきたプレゼントを横取りすることがあるそうです。横取りした餌をそのままメスにプレゼントするのだとか。う〜ん、オスも子孫を残すために必死なのですね。

以上、オス（男性）の特徴を書いてきましたが、お互いの意見、主張がぶつかり合う政治的な場では、力で相手をねじ伏せようとする傾向が男性にはあるように思えるのです。それが最終的には戦争につながるのですが、この21世紀では、もうどんな戦争もしてはならないのです。なぜなら核の時代であり、いつ核戦争に発展するかわからないからです。

あえて暴論を承知で言いますが、世界平和を実現するために、世界のすべての国において、政治世界から男性を排除しましょう。男性には他の分野で活躍していただきましょう。前にも言いましたが、テストステロンには向上心を高めたり、バイタリティーをもたらしたりする良い面もあるのです。また男性は女性に比べて空間認識能力に優れているとされています。

だから男性には学術研究（実際ノーベル賞受賞者には圧倒的に男性が多い）や空間認識能力を必要とするもの、たとえば将棋や囲碁は圧倒的に男性優位だし、また絵画など（レオナルド・ダ・ヴインチやミケランジェロ、ラファエロ、レンブラント、ルノアール、ピカソ、ルオー、ゴッホ、モネ、マネ、ゴーギャンなど有名な画家はみな男性）で活躍していただきましょう。そのほか、建築現場での力仕事やスポーツの世界で貢献していただき、政治からは身を引きましょう。それが世界に平和をもたらす最終手段なのです。

もしも誰かから「なぜ戦争はなくならないのか？」と質問されたら、私は次のように答えるでしょう――「それは男が政治をやってきたからだ」と。

【ブログ】

身内で争っている場合か（2023年10月17日）

近年、私たちの住んでいるこの地球がちょっとおかしくなっている、と感じているのは私だけではないでしょう。

今年2013年の夏は、各地で記録的な猛暑、熱波を観測しました。今まで比較的涼しかったヨーロッパやアメリカ北部も記録的な暑さでした。地球温暖化は気候の上昇だけではありません。山火事も自然発生するのです。今年8月のハワイ・マウイ島の山火事では、100人を超える死者が出ました。その他、アラスカやシベリア、カナダなどの森林地帯で大規模な山火事が発生しました。

大雨の影響も見逃せません。アメリカでは1000年に1度という豪雨が発生。またパキスタンでは国土の3分の1が冠水するという大規模な災害がありました。インドや南米コロンビア、メキシコ、オーストラリア、トルコでも同様な大洪水が発生しました。

その一方で雨がほとんど降らないという干ばつもあり、中国の長江という大河は猛暑と干ばつで一部干上がってしまいました。南米のアマゾン川でも干ばつで水位が下がり、川底が一部見えてしまう現象が起きています。

台風やハリケーンも近年大型化しており、これも海水温が上昇しているのが原因と言われています。

私たち人間だけでなく、あらゆる動物や植物もこの地球に住んでいるのです。このままでは地球温暖化はますます進み、大災害は年々増え、多くの悲劇を生み出してしまうでしょう。

地球を家に例えれば、私たちはみな血のつながった親子であり兄弟なのです。私たち人類は肌の色や人種や言語や宗教や国籍が違っていても、みなホモサピエンスではありませんか。この地球という同じ星に住む地球人ではありませんか。だから皆で力を合わせて、この難局を乗り切らなくてはならないのです。

分断から統合へ、競争から共生へ、対立から協力へ、武力から話し合いへ、戦争から平和へ——この方向しか地球環境を守り、私たちが生き延びる道はないのです。

しかし現実はどうでしょうか。ロシアがウクライナに軍事侵攻してから、もう1年半が過ぎてしまいました。いつまで殺し合いを続けるのでしょうか。また最近では新たな戦争が始まりました。イスラエルとパレスチナのハマスの間です。双方５０００人以上の死者がでています。今後ますます犠牲者は増えていくでしょう。

このような悲しいニュースを見るたびに私は思うのです。人類という身内で、そんな争いごとをしている場合かと。

プーチンは精神病質者か（2022年12月27日）

最近、中野信子著の「サイコパス」という本を読みました。

精神病質者というと冷酷な殺人鬼をイメージする人も多いと思いますが、その根拠は彼らが人の痛みや悲しみ、苦しみといった感情を共有することができないからです。つまり共感性がないわけで、人の心情を頭では理解できても、心で感じることはできないのです。

だから戦争というものを躊躇なく始められるんでしょうね。

さて、11月の最終日曜日はロシアでは「母の日」だそうです。

そこで息子をウクライナ戦争で戦場に送り込んでいる母親たち20人弱を招き、プーチン大統領との懇談会が開かれ、その一部がテレビで放映されました。

母親の中には息子を戦場で亡くした人もいて、その悲しみや怒りといった感情の吐露に対し、プーチン大統領の放った発言は私を唖然とさせるものでした。彼はこう言ったのです。「現在のロシアでは交通事故で年3万人が死ぬ。人は皆死ぬ運命にある。どう生きるかが大事なのだ」と。

そんな事は言われなくても分かっているのです。母親たちはそんな客観的事実を聞きたいわけではない。

わずか1年前には、自分の息子がこんなことで死ぬと誰が予想できたでしょうか。愛する子供を失った理由、その理不尽さ、その悲しみと怒りを大統領にぶつけたかったに違いない。

その感情をプーチンは共感できないのでしょうね。だからあのような発言をした。う～ん、彼は精神病質者ではないかと思った次第です。

それにしても、人々の心情に寄り添わない人が国の指導者だとは。ロシアの悲劇はまだまだ続きそうですね。

プーチンと習近平の頭の中（2023年3月19日）

先日、中国の習近平国家主席は全国人民代表大会で演説し、台湾問題に関し、武力行使には言及しなかったものの、台湾は中国の領土であり、台湾統一は民族の悲願という従来からの主張をくり返した。

アメリカなど各国の専門家は、いずれ近いうちに中国は台湾に軍事侵攻するのではと危機感を募らせている。

ロシアがウクライナに戦争を仕掛け、世界中の大多数の国から批判を受けていることを中国はどう思っているのだろうか。

戦争を始める理由はいろいろある。ウクライナがNATOに入ったら、ロシアの国家安全が脅かされるとか、ロシアとベラルーシとウクライナはスラブ民族の血でつながっている兄弟国だから一致団結しなければならないとか、台湾は中国の固有の領土だから祖国統一を果たさなければならないとか——そのような主張をするのは自由である。言論は自由なのだから。

ただ私がここで言いたいのは、その主張を実現するために、どうしたら良いのか、ということだ。

２０１６年、イギリスは国民投票をしてＥＵ離脱を決めた。その決定を後悔している人も多いと聞くが、とにかく民意を第一に考えた決定だった。とにかく民意が第一。話し合いで決める。これが21世紀のやり方なのだ。

台湾の人たちが国民投票をして、中国に属したほうがいいという意見が過半数を超えたのなら、中国は平和裏に（一部衝突はあるかも知れないが）台湾を統一できるだろう。

10年に1回ぐらい世界監視のもと国民投票をして、賛成多数になるまで中国は待つべきである。何十年、何百年、いや何千年かかろうとも待つべきなのだ。どんなことがあろうとも、問題解決のために暴力（武力）を使ってはならない——これが21世紀のコンセンサスでなければならないのだ。なぜなら、今は核兵器の世の中だから。通常兵器の戦争がいつ核戦争になってもおかしくない。そんな危険をはらんだ世界になってしまったのだ。

この21世紀になっても、プーチンはウクライナ戦争を始めた。習近平は軍事力を強化し、台湾海峡で軍事訓練を続けている。また南シナ海では大きな赤い舌を出し、大きな海域を自分の領海だと主張してフィリピンやベトナムと争っている。この二人の頭の中は19世紀のままらしい。こんな人物が世界の強国の指導者なのは世界の悲劇である。

ゲルニカ（2022年5月15日）

もう10年近くになるだろうか。私はスペインのマドリードにある美術館でピカソの「ゲルニカ」を鑑賞した。「ゲルニカ」はスペイン内戦を描いたもので、ゲルニカという町で起きた惨劇をピカソ独特のタッチで描いている。

この絵は美術本で見て感動していたが、ぜひ本物を見てみたいという衝動にかられていた。

美術館のかなり広いホールは多くの人でにぎわっていたが、その壁にそれはあった。実物を見ると、思っていたよりかなり大きく、横長の絵だが、横幅は7～8メートルもあるのではなかろうか。人の頭より高い位置に掲げられていたので、私は20メートルも遠くから、その絵の全体を鑑賞することができた。

その時の感動は今でも覚えている。圧倒的な絵の迫力に私は圧倒された。圧倒という言葉が続くのは文章的におかしいかも知れないが、それは私の感情そのままの表現だ。

死んだ我が子を抱えた女がいる。実際にはありえない顔、ありえない目、ありえない手や足。ピカソ独特の表現で、その悲しみ、怒り、絶望が私の胸に突き刺さる。

どのくらいの時間、私はその絵と対峙していただろうか。そして考えていた。ほとんどすべての人が平和を望んでいるのに、どうして戦争はなくならないのか。人類はなぜ同じ悲劇を繰り返すのかと。

この21世紀になっても、愚かな戦争が起こっている。ウクライナに戦争を仕掛けたロシア。ウクライナでは多くの兵士だけでなく、女性や子供も死んでいる。ロシア兵にも多くの死者が出ている。

この戦争を仕掛けたプーチンよ。あなたは「ゲルニカ」を見たことがあるのか。あるとしたら、この絵からなにを感じ取ったのか。

ウクライナ戦争(1)——戦争に理由なんてない(2022年3月13日)

ロシアが隣国ウクライナに軍事侵攻したというニュースは、世界の多くの人たちにショックを与えた。軍事侵攻するという予想はあったが、これほど大規模にやるとは専門家も予想しなかったのではなかろうか。

ウクライナはロシアの属国ではなく、立派な独立国である。それがこんな侵略をされるとは、21世紀の今、とても信じられないことである。

まったくプーチンの頭の中は19世紀のままなのではないだろうか。

小児科や産科のある病院が爆破され、子供が死んだり、妊婦が担ぎ出されたり、子供と親が引き離されたり、小さな子供を抱いた母親が号泣したり、何百万人という人々が隣国に避難し、食糧不足と寒さで命の危険にさらされているという、これらの映像を見ていると、なんとも言えない虚しさと怒りがこみあげてくる。

この世の中から戦争という人類の愚行をなくさなければならない。しかしそのためには、戦争の本質を知らなければならないのだ。

ロシアはこの戦争で色々な理由をつけてきた。ロシア系住民がウクライナ軍に虐殺されているとか、ウクライナがＮＡＴＯに入ったら自国に向けてミサイル配備されるとか、ウクライナが生物化学兵器を開発しているとか、核の研究所で核兵器開発の研究をしているとか、色々な理由をつけて軍事侵攻を正当化するのだ。

どんな戦争も錦の御旗を掲げなければならない。「私は悪い事をしています」とか「私は悪の化身です」などと言って戦争を始める人は古今東西誰もいません。皆、正義を装った理由をつけて戦争を始めるのだ。

だから私はあえて言いたい。どんな理由をつけようと、他国に軍事侵攻するのは悪なのだと。戦争に理由などない。どんな戦争も正義の理由を必要とする。だから理由そのものを認めてはいけない。そうでないと、この世から戦争をなくすことはできないのだ。

唯一認められる戦いは、正当防衛という言葉があるように、侵略された国が自国民を守るための自衛の戦いだけである。

ウクライナ戦争(2)――すべてのロシア人が悪いのか(2022年3月15日)

今回のようにウクライナにロシアという巨大国家が戦争を仕掛けたり、どこかの国のテロ組織が爆破テロで多数の犠牲者をだす事件を起こしたりすると、ロシアやテロ国家のすべての人が悪いように感じてしまう。

東日本大震災の時も、福島県産というだけで、すべての農産物や海産物が汚染に対する合格証明がされているにもかかわらず、消費者から忌避されてしまった。

感情的になって、冷静さを失ってはいけない。真実が見えなくなるからだ。

「坊主憎けりゃ袈裟まで憎い」で、ミソもクソも一緒で、ロシア料理店やロシア物産店が襲撃されたり販売ボイコットされたりしてはたまらない。いったい彼らが何か悪いことでもしたと言うのか。

これでは新型コロナウイルスを中国がまき散らしたという理由で、すべてのアジア人が襲撃されたりする事と一緒ではなかろうか。

悪いのは誰か、それを冷静に見なければならない。ウクライナ戦争も、それを仕掛けたプーチンをはじめとする一部の国家指導者に責任がある。すべてのロシア人が悪いわけではない。

実際、ロシア各地で戦争反対のデモが起こっている。また、ロシアの国営テレビで戦争反対のプラカードを掲げた女性が映し出された。ロシアの国営放送はロシアに都合の良いニュースしか流さない。戦争の真実を隠しているのだ。だから彼女は自分の放送局がデマを流しているので、それを信じないでほしいと国民に訴えたのだ。

彼女をはじめ多くのデモ参加者は命の危険を冒して正義を訴えている。その勇気に敬意を表したいと思う。すべてのロシア人が悪いわけではないのだ。

ウクライナ戦争（3）――戦争の心理的要因は恐怖心だ（2022年3月29日）

私は戦争になる時の心理的要因に恐怖心があると思っています。

たとえば、A国のとなりに陸続きのB国があるとします。A国はB国の3倍の経済力があります。さて、この二国間に何らかのやっかいな問題が発生した時、B国はA国がその豊かな経済力を使って、自国に自分の要求を通そうと圧力をかけるのではという恐怖心が芽生えます。そこでB国は、経済力ではかなわないので軍事力を増強してA国に対抗しようとするわけです。

それを見ていたA国は、やがてB国が自国に軍事進攻してくるのではと恐れます。そしてA国も軍事力を増強するのです。

そんな中、何らかの行き違い（きっかけ）があった時に戦争になるのです。つまりA国もB国もお互いに相手への恐怖心を持っているわけですね。


さて、それでは今回のウクライナ戦争を恐怖心という観点から見てみましょう。ウクライナは強大なロシアに対し常に恐怖心を持っていました。事実、過去にクリミア半島やドンバス地方が軍事侵攻されてしまったではないですか。そこで、ロシアへの対抗措置としてNATOに入ろうと画策したわけです。

しかし、これがロシアの恐怖心に火をつけたのです。ウクライナはロシアの隣国です。ここがＮＡＴＯの勢力圏に入ったら、すぐ近くにミサイル配備されてしまうわけです。

このように戦争の背景には恐怖心という心理的要因があるのですが、私は恐怖心そのものが悪いと言っているわけではありません。

太古の昔から人類は地震や雷、山火事などの天災と闘ってきました。また猛獣に襲われることもあったでしょう。これらに対する恐怖心があったからこそ、それらへの対策が打てたわけです。恐怖という感情がなかったら、人類はとっくの昔に滅んでいたでしょう。恐怖心は生きるために必要なのですが、それが他者への攻撃に転化すると戦争になってしまうのです。

安倍首相銃撃事件から早1年（2023年7月10日）

昨年の7月8日、当時の安倍首相が銃撃され死亡した事件から1年が経ってしまいました。時が経つのは早いですね。

この事件は大変衝撃的でしたが、世の中の陰の部分をあぶりだしてくれました。陰の部分はもちろん一人の人間が殺されたことであり、しかもそれが一国の首相という（前代未聞ではありませんが）、平和な日本で起こってしまったこと、それにより警備体制の不備や日本の安全神話が崩されかねない事件だったことです。

また一方では（亡くなった首相には大変申し訳ない言い方になってしまいますが）、旧統一教会という宗教団体の問題点や多数の政治家との関係が明るみになりました。

旧統一教会への多額の献金で家庭が崩壊したという悲劇のニュースがたくさん報じられました。その一方で、テレビで韓国にある旧統一教会の総本部の映像が映し出されました。広大な敷地に、いくつもの白亜の御殿のような壮大な建物――これらの費用の多くが日本からの信者の献金で賄われていることに私はとても腹が立つ思いなのです。

いったい宗教って何ですか？　これは私の個人的見解ですが、金、金、金という物質的なものが人間の幸福に寄与するのではなくて、愛とか感謝、慈悲といった精神的なものが大切なのだと教えることではないでしょうか。

白亜の御殿を作る金があったら、それを世界の貧しい人たちに配ればいいのです。ユニセフや国境なき医師団にぜひ寄付してください。

中国にもの申す——それは内政干渉なのか(2021年9月26日)

中国がやっている香港民主派やウイグル族に対する弾圧を欧米諸国などが問題にすると、それは内政干渉だと反発する。中国国内の問題に外部からとやかく言うな、というわけだ。

しかし、その問題は内政干渉なのだろうか。自分の国のことなら、何をやってもいいということなのか。冗談ではない。中国政府は地球という概念を忘れているのだ。

現在、この地球には79億人近くの人が色々な国に分かれて住んでいる。普通、日本に生まれ、日本に住んでいれば日本人だし、アメリカに住んでいればアメリカ人となる。しかしその前に、私たちは地球という星に住んでいる地球人なのだ。

基本的人権や生命の尊重は、国によって違うべきではなく、同じ地球人として平等に扱われなくてはならない。だから、どの国に住んでいようと、どんな宗教を信じていようと、性別や肌の色、社会的地位、政治的信条に関係なく、生命や人権は平等でなければならない。

だから中国だけではなく、ミャンマーやアフガニスタン、北朝鮮、ロシアなどで、人々の人権が抑圧され、命の危険にさらされていたら、それを問題にするのは同じ地球人として当然の権利なのだ。

今世紀で人類は終わる？（2017年2月19日）

「今世紀で人類は終わる？」（マーティン・リース著）という本を読みました。

この地球上の生命を絶滅させる原因が色々書いてあるのですが、なんといっても現実的なのは、サイバー攻撃や生物・化学兵器の使用、そして核兵器の問題です。

現在、世界にある核兵器は、この地球上の生物を何回も絶滅させる量だと言われています。

いったん核戦争になったら、この世界はどうなるのでしょうか？


核兵器の使用は、広島や長崎を見れば分かるように、一瞬にして多くの命を奪うだけでなく、運よく生き残ったとしても、その後の放射能による大気汚染、土壌汚染、水質汚染等で、生き延びるのは困難な状況になるのです。

世界各地にある原子力発電所が狙われることも充分あり得るし、テロ組織に核兵器が渡る可能性もゼロではありません。


楽観的な人々は、世界を絶滅させるような核兵器は使うはずがないと言いますが、誰もそれが「絶対」だとは言えないでしょう。

例えば、北朝鮮という独裁国家が将来もっと追い詰められ、その断末魔に破れかぶれで核のボタンを押すことも考えられなくはありません。

人類のかってな争いで、私たちのまわりにいる動物たち（犬や猫から鳥、魚、虫に至るまで）、また花や木々の植物まで、その種を絶滅させる権利が人間にあると言うのでしょうか。

それでは、このような世界絶滅の危機を回避するにはどうしたら良いのでしょうか。

それには、人々の考え方、発想を転換するしか方法はないと私は思っています。

今までの国際関係においては、国と国とが友好的な場合もありますが、その多くは競争、敵対関係であり、他国の犠牲の上に自国の繁栄を築くことが常識となっていました。

世界の列強国がアジアやアフリカを植民地化し、自国の繁栄競争をした延長線上に第二次世界大戦が起こったことはまぎれもない事実です。

つまり、相手を犠牲にしてでも自分が儲かればいいという自国第一主義は、人々の分断を招き、戦争へと突き進む結果となるのです。これが歴史の教訓です。

しかし今は昔と違い、ひとたび世界的な戦争になったら、世界絶滅の危機にあることを忘れてはなりません。

結局、自分と他人が、自国と他国がお互いウィン・ウィンの関係を築くよう努力することしか、私たちが生き延びる道はないのではないでしょうか。

核兵器は過去2回（広島と長崎）で使われました。日本は世界で唯一の被爆国です。こんな悲劇を二度と繰り返してはなりません。

大学時代の恩師が言った言葉は今も忘れられません。

彼はこう言いました――「人間は作った物はみな使ってきた。今度だけ再び使わないという保証はどこにもない」と。

トランプの罪――政治家の資質（2017年2月2日）

色々な信条があるので、私は政治的なことはあまり言わないようにしているのですが、どうも近年、世の中が不穏な方向に向かっている気がして、思わずペンをとりました。

世の中の不穏な方向というのは、統合から分断へ、融和から排斥へ、助け合いから憎み合いへ、という方向で、この流れが行きつく先は戦争です。

アメリカ大統領にドナルド・トランプがなってから、この流れが加速しているように思えてならないのです。

現に、彼の極端な政策（メキシコ国境に壁を作るとか、イスラム圏7か国からの入国禁止など）により、全米各地に限らず、世界的に反対のデモが起きているし、逆にトランプ支持派のデモもあり、お互いが罵り合ったり、いがみ合ったりしているではありませんか。まさに分断の様相を呈しているわけですね。

政治というのは私たちの社会生活に密着していますので、政治家は大変大きな責任を負っています。そこで、政治家の資質とは何かを考えてみました。

私は、政治家になくてはならないもの――それは哲学だと思っています。ここで言う哲学とは――正義とは何か？　人権とは何か？　民主主義とは？　自由とは？　幸福とは？　愛とは？　という課題を深く考慮し、それらの問題に真正面から取り組む姿勢のことです。

トランプの頭の中には、どうもこれらの視点が欠けているようです。

彼は自国第一主義を掲げ、それが自分たちにとって得か損か、儲かるか儲からないか、という視点だけから物事を判断しているように私には思えるのです。

哲学のない政治家は最悪です。彼は政治家としては素人のようですが、今までの会社経営としての感覚ではうまく行かないことを早く悟ってほしいのです。そうでないと、世界は益々混乱と憎しみと戦争の方向へ向かうことでしょう。なにしろアメリカの大統領といえば、世界で最も影響力のある人物と言えるのですから。

トランプの罪(続)――ウィン・ウィンの認識の欠如(2017年2月4日)

ご近所付き合いから国と国との関係まで、平和で長続きするには、W－I－N・W－I－N(ウィン・ウィン)の関係でなければなりません。

ウィン・ウィンというのは、自分と相手、こちら側とあちら側が、お互い良い(満足している)関係を言います。

ウィン・ウィンの関係は、私たちの日常生活での売買で普通に見られるものです。

例えば、あなたがある製品を欲しいと思っていたとします。町を歩いていた時、ある店でそれを安く売っていました。あなたは迷わず自分の意思でそれを買いました。

この場合、買ったあなたはそれを安く手に入れたので満足(ウィン)し、売った側も売り上げになったのですから満足(ウィン)したわけです。

しかし時には、このようなウィン・ウィンの関係でない取引もあります。

例えば、店をやっている知人から、あなたの欲している物を仕入れたから買わないか、と連絡があったとします。しかしその品は、他の店より高い値段で売られていました。

この場合、普通なら断ればいいのですが、実はこの知人は町の権力者で、裏では暴力団とつながっているという噂もある人物だったとします。

そこであなたは、断れば後で面倒な事になるかも知れないと思い、渋々その製品を買いました。このような取引はウィン・ウィンではありません。売った側は満足ですが、買ったあなたはイヤイヤながら、仕方なく買ったのですから。

このようなウィン・ウィンでない関係は、日本の戦国時代の国と国との間でよく見られたし、現代の国際関係でも同様のことが言えるようです。

アメリカという世界一強い国(経済的にも軍事的にも世界に対して最大の影響力を持っている国)の大統領に、先日トランプという強権的な人物がなりました。強い国に強権的なリーダーが生まれるとロクなことはありません。さっそく隣国のメキシコや多くのイスラム圏の国との間で軋轢が生じています。

アメリカだけではありません。クリミアを武力で併合したロシア（プーチン）や、自国の領海だと強弁し、南シナ海に進出している中国（習近平）も同じです。まわりの国々と摩擦を生み出しているではありませんか。

強い国のリーダーは、世界を平和にしていく責務があると私は思っています。

このグローバルな世界において、自国第一主義を掲げ、他の国は損をしても自国が得ならいいという、ウィン・ウィンを否定するような考えが通用するはずはありません。

強い国も弱い国も、お互いが得になるような接点を見いだしていく——このウィン・ウィンの関係の確立こそ、世界を平和にしていく手立てなのです。

競争から共生へ——もう後のない世界（2016年11月6日）

さまざまな病原菌に感染した時に、その菌をやっつける抗菌剤を処方することで、その病気を撃退することができます。

しかし、その繰り返しをしているうちに、菌の方でもその抗菌剤に耐性するものが出てくるのです。するとまた人間は、その耐性菌に効く新たな抗菌剤を開発する。するとまた菌の方でも、それに耐えうるように進化していく。

まさにいたちごっこですね。

この病原菌と抗菌剤のような関係は、私たちの生活の中で色々見ることができます。

たとえば、コンピューターウイルスとその対策ソフトの関係もそうですね。

他には、敵をやっつけるための兵器も、お互いが相手よりも強力なものをつくる開発競争の結果、今では人類全体を滅ぼしかねない核兵器の時代になってしまいました。

これらの関係は言い方を変えれば、お互いが相手を打ち負かそうと切磋琢磨した結果、科学技術が進化したとも言えるわけです。

でも、もうこの競争の方向は終わりにしなければなりません。なぜなら、核兵器と地球温暖化の問題は、この地球（世界）において、もう切羽詰まった状態になっているからです。

私はこの二十一世紀の終わりまで、人類は生き延びることができるのかと真剣に考えているのです。

人種や宗教やイデオロギーや社会的地位など、自分たちと違うものに対し排斥したり、打ち負かそうと競争したりするのではなく、違う部分を受け入れ、そこに総合的な価値を見出し、共生する方向しか、この地球（世界）に未来はないのだと、私は訴えたいのです。

意味のない伝統ならやめちまえ！（2018年4月7日）

先日、相撲巡業であいさつに立った市長が土俵上で突然倒れた時、二人の女性（看護師）が土俵に上がり、救急の心臓マッサージを始めたところ、「女性は土俵から降りて下さい」というアナウンスが流れ、話題となりました。

「土俵上は女人禁制」という伝統がありますが、命にかかわる場合は別という声明が相撲協会から出されました。当然のことです。

でも私はもっと深いところを問題にしたいのです。

伝統と言いますが、なぜ女性は土俵に上がってはいけないのでしょうか？

実は女人禁制になった理由は諸説あるようなのです。しかし諸説あるということは、はっきりとした根拠がないということです。そんなあいまいな伝統をなぜ守る必要があるのでしょうか。

修験道の山に女性が入ると修行の邪魔になる、という説もあるし、前近代には女性は「けがれ」とみなされていたわけで、神事や祭事に女性が参加するのはご法度という伝統ができてきたと言います。また長い歴史を持つ家父長制による「女性蔑視」の影響もあるのではないかと私は思っています。

しかし世の中のすべてのものは諸行無常なのです。伝統というものも、世の中が変わり、人々の意識が変わり、世界の諸事情が変われば、当然時代に合わせ、変わるべきものなのです。

そんな例はたくさんあります。昔、富士山は霊峰と言われ、明治5年まで、女性は登山できませんでした。今、たくさんの女性たちが富士山に登っているではありませんか。

また昔、富士山が女人禁制だった理由も諸説あるようなのです。まあ一般に言われているのは、女性は生理の時に血を流す。これが不浄（穢れている）というわけです。昔はまだ医学が発達しておらず、月経血が出るメカニズムが分かってなかったわけで、当時としては女人禁制には意味があったのでしょう。

しかし現代では、生理の仕組みは科学的に分かっているわけで、その時の血は何も穢れているのではありません。つまり当時の理由は根拠がなくなったわけだから、当時できた伝統も変わって当然なのです。

相撲巡業の別の場所で、今度は女性の市長が土俵に上がってあいさつすることを望んだが、相撲協会が認めず、土俵下であいさつし、「悔しい」と言っていましたが、悔しい思いをしたり、理不尽と思ったりしている人が多いのなら、そんな「女人禁制」などという伝統は早くやめてしまえばいいのです。やめた時、誰か困る人がいるのでしょうか。

なぜテロは起きるのか？　宗教の本質に対する無知（２０１５年11月24日）

11月18日（金）、パリでイスラム過激派（ＩＳ）による同時多発テロが起き、約１３０人が死亡した。その2週間前には、ロシアの航空機が同グループのテロで爆破され、子供を含む２２４名の命が犠牲になった。

こういうニュースを聞くたび、怒りとやるせなさで胸がいっぱいになる。

どうしてこんな惨い事をするのか？　それを考えてみたい。

彼らは、自分たちの地域への空爆に対する報復だと主張するだろう。でも、それと全く関係のない人々を殺すことに、いったいどんな意味があると言うのか。

実は、この問題の根源には宗教がからんでいることは間違いない事実である。歴史をひもとけば、宗教が原因の戦争は数え上げたらキリがないほどある。今回のテロも、その同一線上にあると思われる。

なぜ宗教が原因で争うのか？　ここが分からなければ、いつまでも宗教対立は続くであろう。

その根本原因は何か?――それは、一部の宗教指導者や洗脳されやすい一般の宗教家たちが、宗教というものの本質が全く分かってない、ということなのだ。

もっと別の言い方をすると、宗教上の問題を科学のそれと同レベルで扱っている、ということなのだ。ここに宗教対立の根本の原因がある。

人類は長い間、また現在に至るまでも、この間違いによってずっと愚かな争いを繰り返してきた。十字軍の遠征によるイスラム教徒への迫害と虐殺。未開地へ侵攻したヨーロッパ列強国が、その土地の土着の宗教を邪教だとして排斥し、改宗の強要や殺戮をしたこと。

現在でも、同じイスラム教徒のスンニ派とシーア派が殺し合いをしているし、ヤジーディ教を邪教だとして、信者の女性や子供を奴隷として売り飛ばし、残りの大多数の同教徒を無残にも虐殺している。

このような愚かな行為を繰り返す原因は、宗教を科学と同じレベルの問題として扱っているということなのだ。ここに根本の原因がある。

宗教と科学はどこが違うのだろうか?――それは、科学が追究する問題には正解があるが、宗教のそれには正解がない、という点なのだ。いや、正解があってはいけないのだ。

1＋1＝2。これが正解だ。だから誰かが1＋1＝3と言ったら、それは間違いなのだ。これが科学の問題である。

太陽が地球のまわりをまわっているという天動説は間違いで、地動説が正解である。

大昔には、地球は平べったいものと考えられていた。今、基礎教育を受けた人なら誰でも、地球は球形だと知っている。

そこに正解がある。ここに科学が求める問題がある。ところが、宗教(正解を求めるものではない)が科学の分野に入り込んでくると、大変な悲劇をもたらしてしまう。

中世ヨーロッパにおいて、地動説を唱えたジョルダーノ・ブルーノは宗教裁判にかけられ、火あぶりの刑に処されたし、同じく地動説を唱えたガリレオ・ガリレイは幽閉されてしまったではないか。

このように宗教が犯す過ちの同一線上に、今回のテロ事件もあるのだ。

なぜなら、テロを計画・実行した彼らは、アラーの名において、自分たちのやっていることは正しいと思っているからだ。だから堂々と犯行声明などを出す。

宗教に正しいも間違いもない。宗教は科学と違って、正解を求めるものではない。だから邪教というものもないのだ。もっとも、オウム真理教のようなカルトもあるが、あれはそもそも宗教ではない。

宗教は「信じる」世界だ。何を信じようと、あるいは何も信じなくても、それは自由である。そこが科学とは違うのだ。科学は「信じる」世界ではない。正解を求める学問だからだ。

宗教の本質は信仰である。だから、「神はいる」という言い方は適切ではない。あるべき言い方は、「神はいると信じる」ということなのだ。

別の角度から言えば、「信じる」ということは、そこに科学的な確証がないことを意味する。つまり、「神はいるかいないか分からない」から、「神を信じる」とか「信じない」という言葉が生まれるのだ。だから信仰は自由なのだ。正解はそこにはないのだから。

この宗教の本質を理解していれば、宗教が原因で争い事が起こることはあり得ない。なぜなら、どちらが正しいという視点はないのだから。

キリスト教とイスラム教と仏教とヒンズー教とユダヤ教と、あるいは無宗教や無神論と、いったいどれが正しいのか、というのは愚問である。

どれも自分の信じた道を行けばいいだけの話で、そこに正解はないのだから、自分とは違う宗教や無宗教も、お互いが認め合うことができるのだ。

だから、偶像崇拝をしているという理由で、世界遺産のバーミヤンの大仏やパルミラ遺跡を破壊したイスラム過激派は、自分たちを熱心な宗教家だと思っているかも知れないが、事実は宗教の本質を全く分かっていない無知の輩なのである。

宗教はもともと平和を求めるものなのに（・・・と私は思っているが）、宗教が元で戦争をするという矛盾が起こる原因は、こんな所にあるのではないか、と私は思っている。

日本は宗教的な理想国家（2017年11月12日）

私は宗教的な意味においてですが、日本に生まれて良かったと思うことがあります。その理由は、多くの日本人は（私もそうですが）、宗教の影響を強く受けない生き方をしているからです。

と言っても、誤解していただきたくないのは、私は宗教を否定しているのではありません。初詣には神社やお寺でお参りするし、神社仏閣は好きで時々行くし、葬儀や法事ではお坊さんのお世話になるし、娘の結婚式はキリスト教会でやりました。

無神論者として有名な生物学者のリチャード・ドーキンスは、その著書『神は妄想である』の中で、この世の中から宗教というものがなくなった状態を想像してほしい、と言っています。世界がどんなに平和になることかと。

この言葉は衝撃的ですが、一理あるように思います。なぜなら、昔から現在に至るまで、世界のあらゆる地域で、宗教が原因の紛争、殺し合いが行なわれてきたからです。

現在もイスラム過激派によるテロが世界各地で起き、多くの罪のない人々が犠牲になっているではないですか。

どうしてこうバカな事をするのでしょうか。それは彼らが（昔から宗教紛争を起こしてきた当事者たちが）、正義を振りかざすからなのです。

自分たちの主張が正しいとすれば、それと対峙する相手は間違っていることになります。でも、正しいか間違いか――これは科学の問題なのです。科学の世界では、どちらの説が正しいかで、多くの論争が行なわれてきました。でもそれで殺し合いが起こることはありません。やがて実験や発見、理論によって決着がつくことが多いからです。

しかし宗教は科学ではありません。信じる世界です。この世の中をどう生きるか、どうすれば皆が幸せに生きられるのか――そのためにどの教えを信じるのか――その選択は自分にまかされているわけで、どの宗教を信じようと自由なはずです。

もちろん、神や宗教を信じなくてもいいわけです。

キリスト教もイスラム教も仏教も神道もヒンズー教も他のあらゆる宗教も、またそれらを信じない無神論者も、それぞれが相手の立場や自由を認め、尊重する社会が理想だと私は思うのです。日本はその理想に近い、世界でも珍しい国なのではないでしょうか。

正義は危うい――中道のすすめ（2015年2月23日）

正義というのは危ういものです。それは両刃の剣なのです。世の美談の元になる場合もあれば、戦争の背景にもなりうるのです。

自分が正しいと思っている思想（正義だと信じていること）は、いわば哲学や宗教の問題なので、科学でいう1＋1＝2という世界共通の正解はないわけです。だからかってに人は自分たちの正義を振りかざす。世の中から戦争がなくならない理由の一つはここにあります。

今、世界を恐怖に陥れているテロの首謀者たちも、自分たちは正しいことをしていると信じているのです。彼らなりの正義を振りかざし、多くの人々を殺害するのを正当化しています。だからやっかいなのです。

ある信条や考え、教えといったものを絶対視すると、物事の本質が分からなくなります。絶対視すればするほど、彼らの考えは過激になります。過激になると、自分たちと違う考えに対し排他的になるのです。そしてますます和解の道は遠くなる。それではどうしたら良いのでしょうか。

仏教の重要な教えの一つに「中道」というのがあります。これは、左の考えと右の考えを足して二で割って真ん中を行く、ということではありません。

ある時は左の考え、またある時は右の考えというように、その時の状況に応じて、左の方へ行ったり右の方へ行ったりすることを中道というのです。

つまり、絶対に私は左とか右とか決めつけない、ということなのです。時と場合によっては、自分の考えを変える柔軟性を持つことが大切なのではないでしょうか。

私は大学1年の時に、オルテガ・イ・ガセットというスペインの哲学者の書いた『大学の使命』という本を読んだことがあります。その中で、中国の荘子の言葉を引用してこう言っています。

「北海の神が言うには、狭い井戸の中にしか住んでいないような蛙に海の話をしても分からない。夏の一時期しか生きていられないような蝉に氷の話をしても分からない。それと同じように、ひとつの主義主張に束縛されているような曲学の士に真理を語っても分からない」と。

臆病な人ほど心が冷たい（2016年1月25日）

どなたの言葉か記憶にありませんが、聞いた時に非常に印象に残った言葉があります。「臆病な人ほど心が冷たい」と・・・。まあ、私流にもっと正確な言い方をすると、「臆病ゆえに自分の優しさを発揮できない」ということになるでしょうか。

今、ヨーロッパの世論を二分している問題があります。シリアやイラク、アフリカなどから逃れてくる難民の問題です。昨年1年間だけで、約100万人もの難民がヨーロッパ（特にドイツやフランス）に逃れてきました。

悲しいことですが、今この問題について世論が二分し、難民受け入れ派と反対派が対立し、お互い憎しみ合う状態になっているのです。おそらく反対派の人たちは、失業や負担増といった経済問題だけでなく、今までのキリスト教文化の中に、異質なイスラム文化や民族が大量に入り込むことに、何らかの不安や恐怖、違和感を感じているのでしょう。

ドイツは難民受け入れに一番積極的な国ですが、ドイツ国内でも、昨年大晦日にケルンで起こった集団暴行事件（その容疑者の中に難民申請者が多数含まれていた）以来、メルケル首相の支持率は急落し、受け入れ反対派の勢いが増しているようです。

反対派に言わせれば、「それ見たことか」ということなんでしょうが、でも客観的な目で見れば、100万人の難民がいるとして、全員が善人であるはずはありません。イスラム教徒に限らず、どの宗教や民族、国家においても、善い人もいれば悪い人もいるわけです。


さて、ここでちょっと質問したいのですが、仮にあなたがドイツに住んでいるとして、この問題をどう考えるでしょうか？　あなたは難民受け入れに賛成ですか？　それとも反対？

私たち日本人はヨーロッパから遠いので、この問題は対岸の火事として、どうもピンとこない人が多いようです。事実、日本では審査が厳しく、受け入れた難民は極端に少ないのが実情です。

しかし私は、いつまでも無関心ではいけないと思っています。なぜなら、対岸の火事ではなくなる事態がそのうち発生するのではないかと思っているからです。

あの北朝鮮という独裁国家が、今後何十年と存続できるとは考えられません。現実的な話として、そう遠くない将来、北朝鮮が崩壊する過程で大量の難民が生まれるのではないか、と危惧しているのです。


さて、ピンとこない問題にピンときていただくために、次のような具体的な設問をしてみたいと思います。

（こんな場面を想像してみて下さい）

あなたは山の中の一軒家で一人暮らしをしているとします。まわりに他の家はありません。ある冬の寒い夜、家の玄関のドアをたたく音がするので開けてみると、そこには若い夫婦とまだ小学生にもなっていないような子供が立っていました。彼らはどうも日本人ではないようです。彼らはあなたに、「道に迷ってしまったので、どうか今晩、ここに泊めてもらえないか」と懇願するのです。子供は飢えと寒さでぶるぶると震えています。あなたの家はわりと裕福で、彼らを泊める部屋も提供できる充分な温かい食事もあるとします。

さて、どうしますか？　彼らを泊めることに１００％の安全は保障されません。もしかしたら悪い人たちで、強盗に変身するかも知れない。最悪の場合、あなたは殺されてしまうかも知れません。なにしろ見ず知らずの人たちなのですから。

もしあなたが非常に憶病な人だったら、相手を助けることよりも自分の身を守ることを優先してしまうのではないでしょうか。

さて、あなたは彼らを家に招き入れ、ベッドと温かい食事を提供しようとしますか？　それとも、寒い夜空の中へ締め出すのでしょうか？

もしもプーチンが女だったら（2022年4月16日）

先日、フィンランドのマリン首相とスウェーデンのアンデション首相が共同で会見を開きました。両国とも軍事的に中立の立場でしたが、今回のロシアによるウクライナへの軍事侵攻を見て、NATOへ加入する意欲を見せたものでした。

ロシアの暴力的な行為が、結局は新たな敵を作ってしまうのですね。

さて、私がこの会見で驚いたことは、両国の首相（政治のトップ）が二人とも女性だったことです。しかもフィンランドのマリン首相にいたっては弱冠36歳の若さだというのです。う～ん、さすが北欧。日本の現状と比べたらビックリですね。

実は、私は政治のリーダーは女性がやるべきだと思っているのです。批判を覚悟でもっと過激なことを言うと、政治の世界から男は排除すべきだと。そうでないと、いつまでたっても世界平和は実現しないのではないか、と思っているのです。

今回ロシアがウクライナに戦争を仕掛けましたが、もしもロシア大統領のプーチンが女だったとしたら、同じように軍事侵攻しただろうか、と思うのです。私の想像では、たぶんしないでしょう。なんとか平和的に解決しようとするのではないでしょうか。

大昔から現在に至るまで、人類の歴史は戦争の歴史でした。日本も例外ではありません。これらすべての戦争の仕掛け人は誰か？　たぶん、すべて男ではないでしょうか。もちろん、ほぼすべての国や地域において、男が権力を握っていたからかも知れませんが、ほかにも理由があると私は思っています。

それは男性ホルモンのテストステロンです。テストステロンは性欲を高め、闘争心やモチベーションを増すと言われています。これらは悪いことではありませんが、一歩間違えると攻撃的、暴力的になると言うのです。

ネズミにテストステロンを投与すると、とても暴力的になったという実験もあります。ライバルとの競争に打ち勝って政治的権力を手にしたような男性は、当然テストステロンレベルが高い男ではないでしょうか。だから一歩間違えると暴力的になり、戦争を仕掛けてしまうのでしょう。

「戦争はなぜなくならないのか？」――こう質問されたら私は次のように答えます。「それは男が政治をやってきたからだ」と。

私の暴論ですが、世界平和を実現するためには、政治の世界から男を排除しましょう。男は学術研究（事実ノーベル賞受賞者は圧倒的に男性が多い）やスポーツ、経済面での力仕事、芸術（特に絵画や書）、囲碁や将棋の分野で活躍していただきましょう。

政治や軍事に男はいりません。ただこの提案は全世界で実行されなければなりませんが・・・。

第2節　輪廻転生

世界に平和をもたらすもう一つの視点

「人間死んだらどうなるか」――昔からあるこの謎をぜひとも科学で解明してほしいと私は切に願っています。死後どうなるかは、私たちはいずれ誰でも死ぬわけですから、とても重要なテーマだと思うのですが、いまだに人類の共通した認識にはなっていません。

魂や精神、意識、心といったものは、肉体が滅びれば同時になくなってしまうと主張する人（医者や脳科学者など肉体を科学的に研究している人に多い）もいれば、天国とか地獄へ行くという人もいるし、いや魂はあの世へ行って、また生まれ変わってこの世に戻ってくる（輪廻転生）を信じている人もいます。

私はこの謎を解明しようと、長年、臨死体験や生まれ変わりの事例を書いた本をたくさん読んできました。そして今では、死後の世界や魂、霊の存在と、それらが輪廻転生することを信じるようになったのです。

そして死後の世界を科学的に解明することで、この輪廻転生が世界の人々の共通認識になることを願っているのです。なぜなら、この考えこそが世界を平和へと導く礎になると思っているからです。

戦争はどうして起こるのでしょうか。それはいろいろな「違い」から起こるのです。人種や肌の色の違い、国の違い、民族の違い、イデオロギーの違い、宗教の違いなどなどです。しかし輪廻転生は長い年月をかけて、いろいろ違った人に生まれ変わり、その立場を体験することで、自分とは違う立場の人の心情を理解するようになるのです。この相互理解が紛争を防ぐことになるのです。

しかし近年の脳科学の発展は、死後の世界を否定する方向に向かっているように思えるのです。その端的な例が「脳が心をつくっている」という説です。多くの人がこの説に賛同するのではないでしょうか。

いったい心とは何でしょうか。それは意識や無意識での精神的作用であり、その元にはさまざまな感情や感覚、記憶、思考、計算など、脳内での神経細胞の発火現象があるわけです。

近年の脳科学の研究により、上記の精神作用のメカニズムがいろいろ分かってきました。たとえば喜びや悲しみ、怒りといった感情は大脳辺縁系の活動で見極められるし、視覚や聴覚といった感覚も、脳のそれぞれの分野が担当しているし、記憶は海馬が、また思考は大脳の前頭葉が司っているわけです。

また脳以外でも、自律神経による身体の恒常性を保つシステムの他、脳下垂体や甲状腺、その他副腎などから分泌されるホルモンによる精神（心）への影響、またセロトニンやドーパミン、アセチルコリンといった神経伝達物質が心に及ぼす作用についても分かってきたのです。

このようなことから、心は脳やその他の身体の器官でつくられているわけで、死とは脳や肉体がなくなるわけですから、死ねば心もなくなってしまう、という結論になるのです。死後の魂や意識などない、と彼らは主張するわけです。

ブライアン・ワイス博士はアメリカの著名な精神科医です。彼の書いた「前世療法」は、私に死後の世界を考えるきっかけをつくってくれました。いろいろな精神的病を患う人々（患者）に対し、その原因を探るべく催眠療法による治療をしているのですが、その過程で患者がいきなり自分の過去世を語ることがあり、いろいろ検証を重ねた結果、彼は輪廻転生を信じるようになったのです。ワイス博士はこの経験から、人々に催眠による誘導瞑想を行ない、参加者に過去世を思い出させるというセミナーを世界各地で開いてきました。日本にも来たことがあります。

私の手元には「ワイス博士の瞑想法」という本がありますが、魂の存在を示す面白い話が載っていますので、ここに掲載してみます。

瞑想はまた、私たちの心を開いて、異次元に住む人々からのメッセージを受け取れるようにしてくれます。次の話はその一つの例です。

数年前、私はプエルトリコで二日間のセミナーを行ないました。およそ五百人が参加していました。沢山の人々が子供時代や子宮の中にいた時の記憶、過去世の思い出などを体験しました。しかし、ある高名な精神科医は、それ以上の体験をしました。

セミナーの二日目に行なった誘導瞑想で、彼の内なる目に、若い女性の姿が見えました。その女性は彼に近づいて来ると言いました。

「私は元気だと、みんなに伝えて下さい。ナターシャは大丈夫だと伝えて下さい」

彼はセミナーのみんなにその話をして、「馬鹿げたこと」だと思うと言いました。彼はナターシャという名前の人を知りませんでした。それにその名前はプエルトリコではめったにない名前でした。しかも、その幽霊のような女性が伝えたメッセージは、このセミナーで起こったこととも、彼の個人的な生活ともまったく関連がありませんでした。

「このメッセージに心当たりのある方は、いらっしゃいませんか?」困惑した精神科医は参加者に向かってたずねました。

突然、部屋の後ろの方で、女性が叫びました。

「私の娘です。私の娘です!」

この女性の娘は二十代はじめの若い女性でしたが、六か月前に急死しました。名前はアナ・

ナターリアと言いましたが、母親は、しかも母親だけは彼女をナターシャと呼んでいたのです。その精神科医はナターシャにもその母親にも会ったこともなければ、話に聞いたこともありませんでした。そして、母親と同じようにこの不思議な体験にショックを受けました。二人が平静を取り戻すと、ナターシャの母親は娘の写真を彼に見せました。精神科医はまっさおになりました。それはまさしく、驚くべきメッセージを携えて彼に近づいてきた若い女性だったのです。

さて、この話を皆さんはどう思いますか？　ワイス博士はデタラメ（嘘）を言っているのでしょうか。本に活字として残しているのですから、もしデタラメなら彼の信用は丸つぶれでしょう。私は本当の話だと思っています。

それでは、脳や肉体が死ねば、心も意識もなにもかもなくなってしまうと主張する人たちは、この事例をどう説明するのでしょうか。

科学とは、先入観にとらわれず、起こった出来事（事例）を客観的に検証する学問です。また科学は宇宙の謎を解明する使命を持っています。死んだらどうなるのかという謎には正解があるはずです。正解を追究するのは科学の役割で、哲学や宗教の範疇ではありません。

輪廻転生（生まれ変わり）が世界平和に寄与すると思う理由はもう一つあります。それは生まれ変わりの目的が魂のレベルアップにある、と私は思っているからです。何回も生まれ変わり、いろいろな立場の人生を体験することで、本当の愛を知る人になるのです。皆さんの今の人生が、自分の魂のレベルアップのための一つの過程であると認識できれば、人生の意味に気づき、その人たちは世界の平和に貢献できるよう活動するのではないでしょうか。

愛は平和の証であり、戦争は人々の心に憎しみをもたらすのです。

【ブログ】天国・地獄の思想より輪廻転生の思想（2018年8月27日）

世界平和を実現するため、そこまで大上段に構えなくても、世の中の色々なトラブルを回避するためには、天国や地獄があるという考えよりも、輪廻転生、つまり生まれ変わりがあるという考えの方が有効だと私は思っています。

宗教というのは元々平和を希求するものと思いますが、世界で一番信者数の多いキリスト教（約20億人）と2番目に多いイスラム教（約16億人）の間で長年にわたり戦争が続いてきました。現在もイスラム過激派によるテロが世界各地で起きています。

この二つの宗教に共通するものは、同じ神を信仰していることですが、それ以外に、死後に天国や地獄に行くという思想を持っていることです。

現世で良い行いをすれば天国へ行き、悪行を重ねれば地獄へ落とされる。イスラム教ではイスラム教を信じない人は地獄へ行くという考えがありますが、いずれにしても現世で悪い事をすれば地獄へ行き、火で焼かれる苦しみを味わわなければなりません。

このような思想が浸透しているなら、世界平和が実現していてもいいのに、そうなっていないのはなぜでしょうか？

それは良い事、悪い事という認識が人によって違うからです。

現在、イスラム過激派と言われる人たちがテロを行い、多くの罪もない人たちを殺していますが、彼らは悪い事をしていると思っていないのです。むしろ良い事をしているので、死後は天国へ行けると信じているわけです。

歌ったり踊ったり、女性が露骨に肌を見せるキリスト教文化は人々を退廃させるので、このような文化圏は世界から抹殺するのが良いのだと思っているからです。このような状況で世界が平和になるはずはありません。善悪の判断基準は人それぞれ違うからです。

一方、死後の世界観において天国や地獄とは異なる思想があります。それは輪廻転生——人の魂はこの世とあの世を行き来する、生まれかわるという考えです。私はこの輪廻転生という思想が世の中を平和に導くものと信じています。

なぜ生まれかわるのか——それは魂を成長させるためだと私は思っています。愛を知り愛を実行できる人になるためだと思います。

この世の中から争いをなくすためには、相手の立場に立って考えることが大切です。しかし、これがなかなか難しいわけです。

それで、色々な立場に生まれ、それを経験することで、違う立場の人を理解することができるのです。

パワハラやイジメをする人は、される人の苦しみを分かっていません。むやみに殺人をする人は、殺される側の家族や友人の苦しみ悲しみを理解していません。肌の色や人種で差別する人は、差別される人の理不尽さや悔しさが分かりません。

だから来生で、このような犠牲になる側、弱い立場の人に生まれ変わることで、このような人たちの心情を理解することができるのです。それは愛情深い人になることであり、世の中に平和が訪れる礎となるのです。

魂の成長——生まれ変わりの目的（2017年3月6日）

もしあなたが、差別意識をもって、ある特定の人種を見るならば、あなたは来生において、その人種として生まれてくるでしょう。

もしあなたが、ホームレスの人たちを蔑みの目で見るならば、あなたは来生において、ホームレスの生活を余儀なくされるでしょう。

もしあなたが、ＬＧＢＴ（性的マイノリティー）を偏見の目で見るならば、あなたは来生において、ＬＧＢＴとして生きることになるでしょう。

もしあなたが、障がい者を単なる同情の目で見るならば、あなたは来生において、障がい者として生まれてくるでしょう。

そしてあなたは、差別や偏見や蔑みの目で見られ、理不尽な扱いを受けることで目覚め、知るのです。

人種や国籍や肌の色や障害の有無や宗教や肉体的特徴や年収や社会的地位などは、
魂の持ちものにすぎず、愛とは何の関係もないということを。

真の愛は、持ちものに妨げられることなく、
魂の本質そのものに対するエネルギーの交流であることを。

輪廻転生の意味（2017年3月4日）

私は今まで、臨死体験など死や死後に関するさまざまな本を読んだ結果、今では、死後の世界や魂、霊の存在、またそれが輪廻転生（生まれ変わり）をすることを信じています。

それを前提に、なぜ生まれ変わりというシステムがあるのかを考えてみました。

これはよく言われるように、生まれ変わりの目的はカルマの解消などとされていますが、それを何回も繰り返す意味は、魂の成長にあるのではないか、と私は思っているのです。

そしてそのために絶対に必要なことは、愛を学び、愛を実践することだと私は思っています。

でもこれは不可能に近いくらい難しいことなのです――人を愛するということは。だから何回も生まれ変わらなければならないのだと。

こう私が言うと、次のように反論する人もいるでしょう。「不可能だって？　いや私は現に妻（夫）を愛しているし、子供たちも愛している」と。

しかしこれは、愛といっても「エロス」の部類のことなのです。

私が言う愛は、キリスト教でいう「アガペ」のことで、神の愛を指し、人類愛とか隣人愛と呼ばれるものです。

この愛を別の言い方で表現すれば、「自分を愛するように、他人を愛する」ということです。もう一度言いますと、「自分を愛するように・・・他人を愛する」です。

そのためには、自分と他人の間にある壁を取り払わなくてはなりません。そんなことが可能なのでしょうか。

「自分の恋人だから愛する」とか「自分の子供だから愛する」ということではないのです。相手が誰であろうと、分け隔てなく愛する、ということなのです。真の愛は無条件の愛です。「〇〇だから愛する」の愛ではなく、「〇〇にもかかわらず愛する」の愛なのです。

イエス・キリストも言っているではないですか——「汝の敵を愛せよ」と。（マタイによる福音書第5章44節）

この愛を学び、実践することは大変に難しい——だから何回も輪廻転生しなければならないのではないでしょうか。

なぜなら、真の愛は魂のレベルの交流であり、私もあなたも一緒だという意識のもと「アガペ」が可能となるのに、それを妨げているのが、魂の持っている持ちものにこだわる意識だからです。

魂の持ちものとは、人種や宗教、イデオロギー、肌の色、性や肉体的特徴、財産や社会的地位などのことで、それらに惑わされると本当の愛が見えなくなるのです。

だから何回も生まれ変わり、色々な立場（持ちもの）を体験することで、持ちものは愛とは関係がないことを理解するのではないでしょうか。

歴史的に差別を受けてきた人種や、生まれながらの障がい者や、ＬＧＢＴ（性的マイノリティー）や、ホームレスを余儀なくされる人として生まれることで、差別や蔑みの目で見られ、理不尽な扱いを受ける体験を通じ、それらの状況（魂の持ちもの）が愛とは何の関係もないことを知るのではないでしょうか。本当に大切なのは、愛の対象となる魂そのものだと気づくのではないでしょうか。


だから輪廻転生は必要なのです。今生だけでは、上記のような色々な体験はできません。出自や性はどうしようもないからです。

例えば、性転換でもしない限り、男性が女性を、女性が男性を今生で体験することはできません。

白人が黒人を体験したり、健常者が生まれながらの障がい者を体験したりすることはできないからです。

生きる意味（2017年3月1日）

私は若い頃、時々「今、自分がこうしてこの世に生きている」ということに不思議な感覚を覚えることがありました。

「生きる意味は？」。「その目的は？」という人生の本質が、自分でもよく分からないまま生きてきたからです。

父と母による受精卵が大きくなって、その結果あなたが生まれ、そしてやがて死に、その後は何も残らないと考えるならば、上記の本質に関する質問に明確な答えを見つけることはできません。だってそう思いませんか？　多くの命がこの地球上で生まれ、子孫を残し、やがて死んでいく——太古の昔からその繰り返しをしていることに、いったい何の意味や目的があるというのでしょうか。

なぜなら、フランスの哲学者サルトルが言うように、私たちの身の回りにある製品や道具と違って、私たち自身は、その実存（存在）が本質（その意味）に先立っているからです。

オギャーと生まれた後、自分という存在に気づくようになったわけで、その人生に最初からの意味など見出せないからです。

身の回りの品々はそれとは違います。

まず、それを作る目的（本質）が先にあって、その仕様書に従って製品ができた（実存）のですから、本質が実存に先立っているのです。


しかし後年、私は魂の存在を信じ、また輪廻転生（生まれ変わり）があるということを信じるようになって、生きる意味は、元々あるのではないかと考えるようになったのです。

つまり、今生に生まれる前に、魂がそれぞれの目的を持っているわけで、その意味でサルトルとは逆に、本質が実存に先立っていると思うようになったのです。

人間一人一人の魂が、それぞれ自分の課題を持ち、それを解決すべくこの世に生まれてくる――これをカルマの解消と言う人もいますが、この点を深く考察すれば、生きる意味や目的も見えてくるのではないでしょうか。

人は皆違うが、また同じである（２０１８年６月１８日）

人は皆それぞれ違っています。

顔立ちや背の高さ、体格が違います。性が違い、人種、肌の色、出身地、社会的地位、所有物など皆違います。性格や色々な能力も違います。当たり前のことです。

しかしまた、人は皆同じです。

目は二つ、耳も二つ、鼻や口は一つです。またそれらの位置は皆同じです。２本脚で歩き、大きな大脳を持っています。この地球という星に生まれ、皆ホモ・サピエンスに属しています。

感覚や感情も皆同じです。信頼されれば嬉しいし、愛するものが死んだら悲しいのです。


相違点か共通点か――どの視点かで全く違う様相を呈します。

違いを強調すれば分断の方へ向かいます。共通の視点なら統合に向かいます。

争いや排斥ではなく、平和と思いやりの人間関係を構築するには、どちらの視点に重きを置くべきでしょうか。人は皆違っているが、それは人としての共通の基盤に立っていることを忘れてはならないでしょう。

旅の教訓（2011年12月25日）

私は旅が好きで、大学を卒業した年、就職しないで旅に出ることを決意し、約5ヵ月間、高給アルバイトで金を貯めました。そして6か月間の予定で、ヨーロッパ各国を旅してきました。（実際には7か月半の旅になってしまいましたが・・・）、リュックを背負っての貧乏旅行でした。

西ヨーロッパ各国をはじめとして、当初予定のなかったアフリカのモロッコ、そしてトルコを経由し、当時の共産圏諸国——今は存在しない国のユーゴスラビア、そしてブルガリアからルーマニア、ハンガリー等を訪れて、香港経由で帰ってきました。

また、宿は主に、同じ部屋で色々な国の人と寝泊まりすることになるユースホステルや、時には相部屋も了解の安ペンションなどでした。

つまりこの旅では、さまざまな人種、民族、国籍の人たちと接する機会があったわけです。

ここで、私の学んだ旅の教訓が二つありますので、皆様方にお伝えしたいと思います。

教訓その①——「民族の違いよりも人間としての共通性の方が大きい」

教訓その②——「言葉は大切だが、言葉が大切なのではない」

ということです。

まず①についてお話ししたいと思います。

色々な国を旅していると、その国民性の違いを感じることがあります。たとえば、ドイツ人はとても親切です。バスに乗っていると、すぐ周りの人が声をかけてきます。道案内をしてくれたり、時には昼食を御馳走してもらったこともあります。たまたまかも知れませんが、ドイツではイヤな思いをした事は一度もありませんでした。

ドイツではヒッチハイクがしやすいがフランスでは難しい、と言われているように、フランス人は不親切という印象が一般にはあるようです。個人主義の国というのでしょうか、列車のコンパートメントでは、皆おとなしく新聞や本を読んだり、外を眺めたりしているだけで、お互いが干渉しないという雰囲気でした。

それがスペインへ行くと、その光景は一変します。列車のコンパートメントでは、スペイン人どうしが初対面でも、すぐペチャクチャとしゃべりだし、とてもにぎやかでした。

ところがスペイン語を話せない私は無視されるのです。よそ者は嫌いという雰囲気が伝わってくるのでした。事実スペインでは、一つのベッドを探すのに、重いリュックを背負って3時間も歩き回らねばならない事が二度ありました。スペインにはユースホステルがあまりないということもあるのでしょうが、こんな経験はスペインだけでした。

どのホテルやペンションでも「いっぱいだ」とあっさり断られるのです。でも、それはすべて本当なのかと疑念を持ったのでした。なぜなら、いくつかのペンションでは、私の顔や姿を見るなり、野良犬を追っ払うような感じで、ジェスチャーで手を振り、「あっちへ行け！」というしぐさをしたからです。

いわれなき差別を受けた時は、底知れない悲しみと怒りを感じるものです。黒人が差別されてきた事は歴史的事実ですが、肌の色や国籍、家柄など理不尽な理由で差別されることの怒りや悲しみは、それを経験した者でないと分からないのかも知れません。

イタリア人は基本的に明るくフレンドリーですが、道を間違えて教えられたり、釣銭をごまかされたりしたことが何回もありました。

アラブ民族のモロッコは、ヨーロッパとは全く違う世界です。金、金、金・・・万事が金で動くような印象を受けました。ちょっとした物を買うのにも、ホテルに泊まるのにも、すべて金額の交渉から始まるのです。同じ物を同じ店から、AさんとBさんが2倍も違う値段で買ったとしても、この国では少しもおかしな事ではないのです。ヨーロッパでは考えられないような職業があり、貧しい人たちの暮らしを支えているのでした。

共産圏諸国は政治体制の違いでしょうか、朝まだ暗いうちから仕事が始まるということと、いやに役人や警官がいばっていました。人々の表情が暗いという印象も私は受けました。

このように国が違えば、その歴史や文化、政治体制が違うのですから、国民性が違うというのは当然のことなのです。

でも、しかし、しかしです。

私が7カ月半の旅をして得た教訓は、それとは反対のものでした。つまり、国が変われば人が変わるというのは事実だけれども、それよりも、人間として共通するものの方が大きい、ということなのです。

不親切だと言われているフランスで、私は何回も親切にされた経験があるのです。

かってに道案内をしてきて、後で金を請求してくるほとんどのモロッコ人の中でも、純粋に親切心から道案内をしてくれた人もいました。モロッコの一般家庭で夕飯を御馳走になり、そこに泊めてもらうこともありました。

共産圏のルーマニアのブラショフという町で、駅に降り立ちホテルを探そうと思っていたら、ある青年から声をかけられ、彼の家（とても貧しかったですが）に泊めてもらい、粗末（失礼）な夕飯も御馳走になったこともありました。


つまり、どの国へ行っても親切な人はいるし、不親切な人もいるのです。私たちはよく、日本人はこうだとか、中国人はこうだとか決めつけた言い方をします。でも、日本人でも中国人でも、インド人でもアラブ人でも、その中には色々な人がいるのです。

いやむしろ、人種や国籍やイデオロギーや宗教が違っても、人間として共通するものの方が大きいのではないでしょうか。人は誰でも、愛するものを失えば悲しいのです。白人でも黒人でも、日本人でもイヌイットでも、キリスト教徒でもイスラム教徒でも、億万長者でもホームレスでも、障がい者でも健常者でも、同性愛者でも異性愛者でも、男でも女でも、愛するものを失えば悲しい。人から感謝されれば嬉しい。いわれなき差別を受ければ怒りを覚える。これらはみな、人間として共通したものなのです。


私たちはたまたま日本に生まれたから日本人と言われる。中国に生まれれば中国人だし、アフリカのエチオピアに生まれればエチオピア人となる。でも、人間としての本質は変わらないのだ。

本当に大切なものは、人種や国籍やイデオロギーや宗教を越えた所にあり、そこに目を向けることが、この世の中から争いをなくし、平和を実現する礎になると私は信じているのです。

旅の教訓（続）（2011年12月26日）

私が若い頃、7カ月半の旅をして得た教訓の②「言葉は大切だが、言葉が大切なのではない」について書いてみようと思います。

私はヨーロッパを中心にさまざまな国を旅してきましたが、観光案内所や駅は別として、私のカタコト英語が通じる国はほとんどありませんでした。

それでも、現地で教わったその国のわずかな言葉で、行く、泊まる、食べる等の旅の最低限の行動はなんとかこなせましたが、その国の言葉がもっと分かっていれば、そこの人々の生活や考え方、文化などを深く理解でき、旅をもっと有意義なものにできたのではないかと実感するのです。

だから、言葉はとても大切です。

しかし、しかしです。私はこの旅で、言葉よりももっと大切なものがあるという経験をしたのです。

トルコを旅していた時、ある街で安いペンションに泊りました。そこは相部屋了解のペンションだったのですが、私の後から、若い二人のトルコ人が入ってきたのです。つまり、この3人で同部屋の一夜を過ごすことになったわけです。

ところが困ったことに、彼らは英語が全く話せないのです。私はトルコ語が全く分からない。う～ん、こんな時、どうコミュニケーションをとったら良いのでしょうか。

しばらく考えて、私はあることを思いつきました。それは地図です。地図は共通なんですね。さっそくヨーロッパの地図を広げ、自分の行ってきた国や場所を彼らに指で示しました。すると彼らも、自分たちの行ってきた所などを指で示し、なんとかコミュニケーションをとることができたのです。

次に私は、1から10まで（アラビア数字も共通なのですね）、トルコ語で何と言うのかを教えてもらおうとしました。私の意図が最初は分かってもらえなかったのですが、やっと通じ、彼らが1は○○○、2は×××と発音してくれるのですが、それがやたら難しく、私の発音はとてもおかしなものになってしまうようなのです。すると彼らは大笑いし、その場が大変打ち解けたムードになったのです。

やがて、夕飯を食べに行こうということになり、近くのレストランで食事をしたのですが、彼らは私の分も払ってくれたのです。お礼にと私は、帰りに屋台でオレンジをいくつか買い、部屋で一緒に食べたのでした。

彼らと私は、言葉が全く通じないのですが、心が通じ合うというのでしょうか、長年の友達みたいな感じで、その夜はとても楽しい時間を過ごすことができたのです。

考えてみれば私たち人類は、サルから分かれて進化してきたと言われています。何百万年も前から、家族や仲間と集団生活をしてきたわけです。その当時は、現代ほど豊富な語彙があったわけではないでしょう。身振りや手振り、顔の表情や声の調子、カタコトの言葉でお互いコミュニケーションをとってきたのです。

言葉はなくても、愛し合うことはできたはずです。お互い、心を通じ合わせることはできたはずです。

人間関係で本当に大切なのは、言葉という頭の問題ではなく、もっと深いレベルの、魂の触れ合いなのではないか――これが、この旅の経験で得た私の実感なのです。

つながる命（2016年5月16日）

この地球には生命が満ち溢れています。
私たち動物をはじめ、植物やバクテリアなどの単細胞生物を含めると、その数は膨大なものになるでしょう。

さて命というと、私たちはその肉体や固体によって別々に隔離された存在と思いがちです。確かに、私の命と他の人の命は違います。ある人が死んでも私は生きているわけで、当たり前のことですけど、それぞれの命は別々なのです。

でもこれは命というものの一面を表したものにすぎません。
命には別の側面があるのです。あらゆる生命体は、太古からの大きな命でつながっているという側面です。

ある人が存在しているのは、その人の父親の精子と母親の卵子が出会い、受精した結果です。
精子を顕微鏡で見たことがありますが、長い鞭毛を使って泳いでいる姿を見ると、まさに一つ一つの精子は生きているのが分かります。もちろん卵子も生きています。
つまり命と命がつながって、一つの別の命が生まれたのです。

さて同じようなメカニズムで、その人の父や母もその父や母（祖父や祖母）の精子と卵子から生まれたのです。そして、その父や母も、その父や母から生まれたわけで、そのようにつながっていくと、現代人の直接の祖先である、十数万年前のアフリカのイブと呼ばれる女性まで遡ることができるのです。

でも彼らも空気中から突然生まれたわけではありません。
別の人類から猿人や類人猿、猿、そして別の哺乳類と進化の樹を逆にたどって行くと、ついには約38億年前に最初の生命が誕生した時点までつながってしまうのです。

このように考えますと、私たち一人一人の命は太古からの大きな命のつながりの一部であり、大海の中の一滴にすぎないのです。

私たちは、他の動物や植物も含め、皆つながっているのではないでしょうか。

それなのに、元は皆同じ命だというのに、どうしてちょっとした違いで争ってばかりいるのでしょうか。

人類の歴史は、国家の違い、民族の違い、肌の色の違い、宗教の違い、イデオロギーの違い等による戦争の歴史でした。そしてそれは今も続いています。

それもこれも命に対する私たちの考えが、個人個人別々だという、肉体をあまりに重視したゆえに起こる命の一方的側面だけを見た結果であり、太古からつながっている大きな命を共有しているという認識が欠如していることが原因なのではないでしょうか。

もし私があなただったら・・・（2016年11月22日）

もし私があなただったら・・・
そう想像するだけでいいのです。
イジメたり罵倒してしまった時、
された相手は何を感じたのか、
それを想像するだけでいいのです。

人種や宗教や肌の色の違う人を見下したり、
差別的な感情を持ったりした時、
相手はどんな感情を抱くのか、
その悲しみ、嘆き、怒りを想像するだけでいいのです。
戦争で殺される恐怖から、命からがら逃げてきた難民を
壁をつくって拒絶する前に
彼らがどんな悲惨な状況を潜り抜けてきたのかを
その身になって想像するだけでいいのです。

もし私があなただったら・・・
皆がこのように想像力を働かせられれば、
分断ではなく統合を、差別ではなく融和を、
競争ではなく共生を、戦争ではなく平和を、
達成できる可能性が出てくるのに・・・

ただ想像するだけでいいのです。
もし私があなただったら・・・
もし私があなただったら・・・

心で理解できなくても頭で理解することの大切さ（2018年7月8日）

よく、ものすごいショック体験をしたり、辛い思いを経験したりした人が、その苦しさや怒り、悲しみを人に告げることがあります。

そんな時、「うん、その辛さはよく分かるよ」などと安易に言おうものなら、「あなたにこの辛さが分かるはずはない」と反発されることがあります。

正直言って、同じような経験がある場合は別として、心から理解（共感）するのは大変難しいことです。しかし、心で理解できなくても、頭で客観性をもって理解することは、さほど難しいことではありません。

私はこれが良い人間関係をつくる上で、とても大切だと思っています。

この世の中、まわりにいる人は皆、自分とは違っています。顔や肉体的な面はもちろん、性格や考え方、信条、生活条件などすべて違います。性も二つに分かれています。違うものに対しては、理解困難な場合が多いのです。

私は男性ですから、女性の気持ちはなかなか分かりません。どうして2～3時間も立ち話をするような女性がいるのか？　どうしてこんな簡単な道で迷いやすいのか？　心で理解することはできません。

　でも頭で理解することはできます。なぜなら、最近の脳科学で、男女の脳の違いが分かってきたからです。

　心と体の性が一致しない性同一性障害や同性愛も共感はできません。しかし、脳科学や医学、生理学、遺伝学、心理学等により、そのメカニズムが解明されることで、彼らの心情を頭で理解することはできるのです。それにより、性的少数者に対する差別感情を消すことが可能となるのです。

　自分と違う者を理解するためには、その人の立場になって想像するしかありません。そのヒントとなるのが科学的な客観性であり、それを頭で理解することなのです。

科学的態度とは何か（２０１６年４月17日）

私はつくづく科学者と言われる人の中に、その研究姿勢が全く科学的でない人が多いことに気づくのです。

科学的態度とは、真理を真摯に追究するために、先入観や常識にとらわれず、常に物事を客観的に冷静に見つめる態度だと私は思っています。

ところが科学の発展の歴史を紐解くと、それとは全くかけ離れた様相が出てくるのです。

まさに科学の発展は、その当時の常識や先入観との闘いでした。

中世ヨーロッパにおいて、その当時の常識であった天動説に対し、異端とみなされた地動説を唱えたコペルニクスやジョルダーノ・ブルーノ、ガリレオ・ガリレイなどの闘いは、その代表的なものです。

現在、地動説が正しいことは小学生でも知っています。

その他、「大陸は地球の表面上を移動してその位置や形状を変える」というアルフレート・ウェーゲナーの大陸移動説も、当時は全くバカらしい理論として相手にされませんでした。

ダーウィンの進化論もそうです。アメリカでは現在も、進化論を否定し、聖書の創造説（神がいっぺんに全生物を造った）と信じている人は40％にも上るのです。

物質の究極の姿を研究する量子論もそうです。素粒子は粒でもありまた波の性質も併せ持っているという、そしてその位置や動きは確率的にしかとらえられないという、ちょっと常識では考えられないような理論が正当化されています。

このようにして、当時の常識からはずれた理論が今は正しいものとして認められているのですが、今の私の科学に望むことは以下のことです。

ぜひとも、「人間死んだらどうなるのか?」、「死後の世界はあるのか?」、「肉体は死んでも魂は生き残るのか?」――このような私たちの生活にとって身近な問題を追究していってほしいのです。

ところが、霊とか超常現象とか超能力の問題を持ち出すと、現代科学の定説からはずれるものとして異端視したり、白い眼でみたりするような風潮があるのも事実なのです。

科学はそれまでの常識を覆して発展した――この歴史的事実を科学者は常に頭に入れておいてほしいと私は思っています。

死から見た生（1）　科学と哲学の違い（2010年2月27日）

今回より何回かにわたり、生の本質について考えてみたいと思う。ただその前提として、科学と哲学の違いについて考察しなければなりません。なぜなら、生とか死というと、今までは哲学とか宗教の範疇と捉えられてきたのですが、私はこれを科学的に考えたいからです。

科学と哲学や宗教とどこが違うのでしょうか？　一言で言うと、科学が追求するものには正解があるが、哲学や宗教のそれには正解がない、ということだと私は思うのです。1＋1＝2です。それを3と言ったら、それは間違いなのです。これが科学の追い求める問題です。たとえば、太陽が地球のまわりを回っているという「天動説」は間違いで、太陽のまわりを地球が回っているという「地動説」が正しいのですが、昔は天動説が正解とされていました。地球は球形をしているというのは常識ですが、昔は平らだと思われていました。

魏志倭人伝には、日本に「卑弥呼」という女王が統治する邪馬台国があったと記されていますが、それが九州にあったのか、近畿地方にあったのか、はたまた別の地域にあったのか、長い間論争になっていますが、どれかが正しくて、どれかが間違っているのです。このように正解を追い求めるのが科学なのです。

しかし、哲学や宗教は違います。ある人生論や幸福論、教えといったものには、それに共感するということはあっても、万人共通の正解などないのです。いや、正解などあってはならないのです。それは、今まで人類が行ってきた、戦争という残虐な歴史が証明しています。十字軍は、神の正しい教えという正義の御旗のもと、多くのイスラム教徒を迫害、殺してきました。北米や南米の大陸に乗り込んできたイギリスやスペイン人たちは、先住民の宗教を邪教だとして、排斥、迫害してきたではないですか。万人共通の正解などないのです。

さて、私は生の本質を考えるにあたり、それを死からとらえてみたいのです。しかも哲学的、宗教的ではなく、科学的に考えたいのです。つまり、正解のあるものとして。だってそうでしょう？死（死後）には正解があるのですから。長くなるので、この続きは次回に・・・。

死から見た生（２）　死は科学で扱うべき問題（２０１０年３月９日）

前回私は、死の問題を科学的に捉えることを訴えました。なぜなら、死には正解があるからです。死についてＡさんは言います――「死は単なる生の終わりを意味することでしかない。死ねば何も残らない。ただ灰になるだけ。心とか意識とか魂といったものは死とともになくなってしまう。なぜなら、これらは脳が作り出したものだから、脳が死ねば、これらもなくなってしまうから」と。

それに対してＢさんは――「いや、心と脳（体）とは別次元のものだ。だから脳（体）が死んでも心や意識は生き続ける。肉体は死んでも、魂はあの世で生き続けるのだ」と主張します。さらにＣさんは――「生前の行いによって、私たちは天国とか地獄に行くのだ」と言います。またＤさんは――「死んだ後は、墓の中で魂は生き続ける」と言います。さらにＥさんは主張します――「いや、墓の中にいるとか、天国や地獄に行くということはない。そもそも天国とか地獄といったものはない。死んだら私たちはあの世へ行き、カルマを解消するために、またこの世に戻ってくる、つまり生まれ変わり（輪廻転生）をするのだ」と。

死に対しては、このように色々な意見があるのです。さらに言えば、いずれかは正しくて、いずれかは間違っているのです。つまり、正解があるのです。だから、死は科学で追求すべき問題なのです。

それなのに一部いや大部分の科学者は、死んだら何も残らないという唯物論を正解だと決めつけて、死後の世界を研究しようとする人たちを、オカルト的だとか、非科学的と非難するのは、先入観を排し、客観的に物事の正解を追求するという科学の真髄から言って、自ら科学的思考を放棄していると言えないでしょうか。

私は正解を知りたいのです。なぜなら、死の本質を知ることで、私たちは生の意味を知ることができるからです。

死から見た生（3）　陰陽論からのアプローチ（2010年3月15日）

「死の本質を知ることで生の意味がわかる」と私は前回言いました。なぜそう言えるのか？――陰陽論からアプローチしてみましょう。

陰陽論は、この世界や宇宙の仕組みを表す中国哲学の根本概念です。世の中のほとんど全てを陰と陽の概念で考えます。事実、私たちのまわりを見渡してみてもそうですね。上と下、右と左、前進と後退、表と裏、熱いと寒い、光と闇、幸福と不幸、善と悪、緊張とリラックス、などなど。そして、生と死。

これらは、対立しているように見えますが、ちょっと見方を変えると、お互い依存しあっているのがわかります。上があるから下もあるし、右があるから左もあるのです。別の言い方をしますと、表がなければ裏もないし、光がなければ闇もないのです。「いや、光が全くなければ、そこに闇の世界が存在するではないか」と反論するかもしれません。私が言いたいのは、光を知らなければ、闇を認識することはできない、ということなのです。光の存在を知ってはじめて、闇の状態を知ることができるのです。

生と死の関係もそうです。私たちは、いつかは死ぬということを知っているから、今生きているということを実感できるのです。死のない生はないし、生のない死もありません。だから、生きるとはどういうことなのか（生の意味）を知るためには、死とは何か（死の本質）を知らなければならないのです。

死から見た生(4)　実存主義からのアプローチ(2010年3月21日)

　私が大学生の頃、深く影響されていたのが実存主義哲学でした。これは自分自身の存在そのものへの疑念や驚きから生の意味を探ろうとする哲学ですが、そこに神という概念をもってくるのか(語弊があるかもしれませんが、神の力を借りるのか)、または神の存在を否定するのか、によって、有神論的と無神論的に分かれていました。

　矛盾しているようですが、私は不可知論者なので、神を信じているわけではないのですが、有神論的実存主義の代表的哲学者であるキルケゴールに傾倒していました。もちろん、私の頭では完全に理解していたわけではありませんが・・・。キルケゴールはヘーゲルを批判しているのですが、ヘーゲルの代表的著作『精神現象学』を読んでも、全くチンプンカンプン、お手上げの状態でした。しかしキルケゴールの著作は、心にスッと入ってくるものがあったのです。

　さて、無神論的実存主義哲学者のサルトルに、実存主義の根本原理を表す有名な言葉があります。それは「実存は本質に先立つ」というものです。これはどういう意味でしょうか？　実存とは存在そのもの、今ここにあることを意味します。一方、本質とはそのものの意味や目的といったものです。私たちの存在(つまり今生きている状態)は、その人生の意味や目的より前にあるということなのです。

これは命あるものの特徴かもしれません。しかし人間は、人生を考える存在であるがゆえに悩むのです。私たちのまわりの存在を見てみましょう。多くのものは、私たちの存在に対するサルトルの定義とは反対に、本質が実存に先立っているのに気づくはずです。

私の手元には1本のボールペンがあります。これは紙に字を書くという目的（本質）が先にあって、どんな材料をどのように使うかという仕様書をもとに、計画的に作られて、私の手元に存在（実存）しているわけです。つまり、本質が実存より先にあるのです。しかし、私たちの存在は違います。オギャーと生まれて、ある日気づいてみたら、そこに自分という存在を意識するのです。この時点では、自分の人生の意味や目的など全くわからないのです。だから悩みながら、その意味を見いだそうとするのです。つまり、実存が本質に先立っているのです。

私がなぜ「死から見た生」というテーマの中で、このような話をするかというと、死の意味や死後のことが科学的にわからない状態では、実存主義の立場はよく理解できるのですが、もしかして将来、死後のことが科学的に、魂の存在や輪廻転生ということが証明されたならば、実存主義の立場は間違っているかもしれないと思うからです。

あるテーマを自分で設定し、それを解決するという目的（本質）のために、この世に生まれてきた（実存）かもしれないからです。私たちの人生は「本質が実存に先立って」いるかもしれない。生まれた後、その意味を作り出すのではなく、その意味に気付くということなのかもしれません。

死から見た生（５）　輪廻転生するとしたら（２０１０年３月28日）

死とは何でしょうか？　私はそれを科学的に知りたいと思っています。なぜなら、死をどうとらえるかによって、生の意味が違ってくるからです。死んだら、すべてなくなってしまうのでしょうか？　それとも魂とか意識は残るのでしょうか？　生まれ変わり（輪廻転生）はするのでしょうか？

これらの問題を私なりに研究した結果（さまざまな臨死体験の本や、精神科医のワイス博士の前世に導く催眠療法の本などを読んだ結果――くわしくは拙著『バランス思考（気功の哲学）』を参照してください）、死んでも魂や意識は生き続ける、そして輪廻転生もするという結論に達したのです。前世のカルマを解決するために、今の生があるのです。もちろんこれは、１＋１＝２というように万人が認める科学的結論ではありませんので、現段階では、そうと信じる、という言い方しかできませんが・・・。

さて、輪廻転生するとしたら、生の意味はどのようになるのでしょうか？　一般的に言われている常識とは違ったものになることに気付かなければなりません。たとえば、「人生は一度きり」と言われます。しかし、生まれ変わりがあるとしたならば、今生は一回限りですが、魂の歴史を考えるならば、私たちは何回も人生を経験しているのです。

「子供は親を選べない」と言われます。金持ちの家に生まれるのか、貧乏な親の元に生まれるのか、または大酒飲みで暴力的な親のもとに生まれるのか、そんな事は子に何の責任もない、親を選べないのだから、と言われます。でも、そうでしょうか？　輪廻転生を認める限り、じつは、子は親を選んで生まれてきているのです。前世のカルマを解消するために、わざと過酷な人生を選んで生まれてきたかもしれないのです。

生まれながらに障害を持っている子がいます。私たちはそれを、単なる偶然の出来事として、かわいそうにという同情の目で見てしまいがちですが、実は、その魂は生まれる前に、あるテーマを解決するために、今生は障がい者としての人生を送ろうと計画した結果かもしれないのです。このことは親にもあてはまります。障害を持った子を育てるという計画の元、人生設計をしたかもしれないのです。このような人生は、たしかに過酷であり、苦しみの涙を数多く流したかもしれません。しかし、平凡な人生では味わえない、もっと大きな愛を経験するかもしれないのです。

人生は山あり谷ありです。でも、輪廻転生を前提に考えるならば、これらの山や谷は、すべて意味があるのです。大病や大けがをしたり、騙されて大損したり、苦しくて死にたくなったり、人生には色々あるでしょう。しかし、すべて意味があるとわかれば、人生を恨んだり、人を恨んだり、神を恨んだりすることはなくなるでしょう。前向きに、プラス思考で生きていくことができるのではないでしょうか？

「死から見た生」というシリーズは、ひとまずこれで終わりたいと思います。

輪廻転生は平和の思想（２０１４年９月21日）

あなたは「生まれ変わり」というのを信じていますか？　私は今まで、生と死に関する色々な書物を読み、また私自身の不思議な体験から、肉体は死んでも魂という精神は残って「あの世」へ行き、やがて生まれ変わって「この世」に戻って来る、と信じています。

死後の世界については未だ謎ですが、やがていつか科学でこの輪廻転生が解明されることを願っております。なぜなら、この輪廻転生という思想が、世界を平和へと導くカギだと思っているからです。

この世界は大昔から戦争の歴史でした。どうしてこうも人類は、お互い殺しあったり、いがみ合ったりするのでしょうか？

その原因は色々あると思いますが、その状況はたった一つだけなのです。それは、お互いが「違う」という状況です。

つまり、国家の違い、民族の違い、宗教や宗派の違い、身分の違い、肌の色の違い、イデオロギーの違い等々によって争いが起こっているのです。

私たちは、自分と違う者に対して無理解であり、従って信頼できないのです。

輪廻転生という考え方は、このお互いの無理解を解くカギになるのです。なぜなら、私たちの魂は、何回も生まれ変わることにより、さまざまな立場を経験し、相手の立場を理解することで、魂は成長していくからです。

かつてあなたは、男性でありまた女性でした。
かつてあなたは、白人でありまた黒人でした。
かつてあなたは、キリスト教徒でありまたイスラム教徒でした。
かつてあなたは、王様でありまた奴隷でした。
かつてあなたは、大富豪でありまたホームレスでした。
かつてあなたは、殺人者でありまたその犠牲者でした。
かつてあなたは、健常者でありまた障がい者でした。
かつてあなたは、異性愛者でありまた同性愛者でした。

あなたという魂は変わらない。ただ立場が変わるだけなのです。だから立場という魂の持ち物に惑わされず、常に魂の本質に目を向けていけば、自然とお互いの理解が進み、争いがなくなっていくのではないか、と私は期待しているのです。

釈迦の目線（２０１４年９月４日）

お釈迦様は誰に対しても、相手と同じ目線で話をした、と言われています。相手が王様なら、自分も王様のように・・・、相手が奴隷なら、自分も奴隷のように・・・常に相手と対等の立場で話をされたのだと。

翻って、現代の私たちの社会を見てみましょう。釈迦のような目線を持っている人は非常に少ないことに気づきます。

まあ、やむを得ない事情や程度の差はありますが、自分より目上の人や上司、権力を持っているような人には、へりくだったり、ご機嫌をとったり、媚びへつらって、下から目線で見ます。反対に、目下の者や部下に対しては、威張ったり、横柄な態度をとったり、上から目線で見下したりします。

ホームレスやマイノリティーに対しては、偏見や差別の目で見たりします。

相手によって極端に態度をガラリと変える人――こういう人をズルイ人と言うのです。

釈迦の目線（態度）は、別の見方をすれば、常に相手の魂に目を向けていた結果と言えるでしょう。

人間にとって一番大切なコアの部分（本質）――それを魂と言います。

釈迦は常に誰とでも、その魂と対話をしていたため、魂の着ている服や持ち物に惑わされなかったのです。


私たちは普通、ある人物を表す言葉として、その人物の魂そのものではなく、魂が着飾っている持ち物で表現してしまいます。

例えば、男か女かという性別であったり、部長や課長、平社員といった社会的地位や肩書、職業だったりします。その他、財産や家柄、国籍や肌の色、宗教、イデオロギー、年齢、身体的特徴や障害の有無だったりします。

しかしこれらは、その人物の魂（本質）ではなく、単なる魂の持ち物でしかないのです。

持ち物は常に変化します。だから持ち物に惑わされてはいけません。本質が見えなくなるからです。

大切なのは魂（本質）であり、常にそこに目を向けていくことが必要なのではないでしょうか。

卑怯なヤツ（2014年8月31日）

先日、盲導犬が何者かに何か所か刺された、というニュースがあった。盲導犬としての使命で、この犬は鳴かずに我慢したという。

また、東京都に住むホームレスの約7割が、襲撃にあったり、類似の恐怖を体験したことがあるという記事を読んだ。

こういう記事を読むたびに、言いようのない悲しみと底知れない怒りがこみ上げてくる。

そう言えば、猫を殺して解剖した少女もいましたね。

こういう事をした彼らに私は言いたい。

動物とかホームレスという弱い存在に対してやったことを、上司とか自分にとって強い者に対して、同じことができるのかと。

弱い者に対しては、いじめたり、つらく当たったり、傷つけたりする一方で、強い者に対しては、へりくだったり、媚びへつらったりする——こういう人間を卑怯なヤツと言うのだ。

子は親を選べない、は本当か?（2014年7月26日）

世の中には、常識的に正しいと思われている言葉があります。でも、それをそのまま真に受けるのではなく、一応疑ってみることが大事だと私は思っています。なぜなら、そうやって人類は真理に近づいてきたのですから。

さて、常識的に正しいと思われている言葉の一つに「子は親を選べない」というのがあります。大きな罪を犯してしまった人が過去を振り返った時、幼少時に親から虐待を受けたとか、親から愛されない環境で育ったとかいうことが、その原因になっていることが多いからです。

そのような時、「子は親を選べない」という言葉が同情的に使われたりします。

しかし、私はこの言葉に対し大きな疑問を持っています。本当に「子は親を選べない」のだろうか、と。

この言葉が正しいためには、一つの前提が必要になります。それは生と死に関する重要なある前提です。

人が生まれるとはどういうことでしょうか――それは精子と卵子が出会って受精し、細胞分裂を繰り返し、脳をはじめ人の形が出来上がる。やがて約10か月後にオギャーと生まれ、その後に自意識が芽生え、自分とは何かを意識するようになる。やがて死ねば、肉体だけでなく、その意識そのものも無くなってしまう。

生と死のメカニズムとしてこの事が正しく、またプラスするものが何もないとするならば、人の出生は偶然の結果であり、どこに、いつ生まれるかは、生まれる子の責任ではありません。子は親を選べないからです。

しかし、この前提は正しいのでしょうか？

もし人が死んだ時、肉体は滅びるけれど、魂（精神）は残って「あの世」へ行き、そしてやがて、その魂は生まれ変わって「この世」に戻ってくるとしたらどうでしょうか。

出生は偶然の結果ではなく、したがって「子は親を選べない」は間違っているかも知れないのです。

私たちの魂は、いつ、どこに、どの親の元に生まれるかを自分で決めて生まれてくるかも知れないからです。

平和な日本に生まれるのか、戦時下での避難民のキャンプ地で生まれるのか、呑んだくれで虐待するような親のもとに生まれるのか、貧乏な家庭に生まれるのか、大金持ちで社会的地位の高い親の元に生まれるのか——それを自分で決めて生まれてくるとしたらどうでしょう。

でも、わざわざ平和な国より戦争をしている国を、穏やかな家庭より諍いの絶えない家庭を選ぶことなどあるのでしょうか。

私はあると思っています。それは、なぜ生まれ変わる必要があるかを考えてみれば分かるはずです。平凡な人生よりも、悩みや苦しみの多い過酷な人生の方が、魂としての学びが多いからだと私は思っているのです。

差別や偏見は弱さの証明（２０１８年12月11日）

私たちは無意識のうちに、自分とは違う人たちに対し、偏見や差別感情を持つことがあります。

その対象は、肌の色や国籍、宗教、出身地、学歴、職業、社会的地位、身体的特徴など多岐にわたります。

最近では、同性愛者や性同一性障害者などＬＧＢＴ（性的少数者）に対する偏見や差別が話題となりました。

しかし世の中には、上記のような要素に対し、何ら偏見や差別感情を持たない人もいます。偏見を持ちやすい人と持たない人――いったいどこが違うのでしょうか？

私は、偏見は自分自身の弱さの証明だと思っています。偏見を持つのは、自分とは違うものに対する恐れがあるからです。それは自信のなさの証です。

人間の本質（最も大切なもの）は何でしょうか？それは魂です。

人種や国籍、宗教、学歴、職業、社会的地位などは、その魂が着ている服でしかありません。自分と違う人をすぐ差別してしまう人は、自分の本質に自信がないため、着ている服に心奪われてしまうのです。一番大切なのは、それらの服を脱ぎ捨てた後の魂そのものなのに・・・。

映画『アクト・オブ・キリング』を観てきました（2014年5月21日）

前代未聞というか、『アクト・オブ・キリング』という映画を御存知でしょうか？　今から40年も前、クーデターで軍事政権が発足したインドネシアで、政権側の犬として、やくざを中心とした民兵組織が、敵である共産主義者やその疑いのある者を100万人も虐殺した史実を基に、当時の様子を描いた映画です。

この映画が一風変わっているのは、この映画の登場人物たちが、実際に虐殺に加わった人物であり、その虐殺の模様を自ら演じたドキュメンタリーだということです。

加害者たちは、現在も普通にのうのうと暮らしている。何ら悪びれる様子もなく、罪の意識を感じることなく、その時の様子（拷問や殺害の場面）を具体的に演じていくのです。

主人公のアンワルは、彼自身の手で1000人以上を殺害したと豪語します。そして、どうやって人を殺したかを、観る人に具体的に示していきます。

最初、映画の主人公気どりで得意げだった彼も、映画の終盤で被害者（拷問を受け殺される）を演じたあたりから、心境の変化が現れます。反省と後悔の言葉を述べるのです。

そして最後の場面（実際に虐殺を行なった場所）で、彼はゲーゲーと吐きます。これは演技なのか、それとも過去に自分が犯した行為を受け入れることができなくなった体の反応なのか――後者なら少しは救いが見られますが、それにしても簡単に殺されていった人たちの無念さをどう理解したらいいのでしょう。

どうしてこうも人間は戦争や殺戮を繰り返すのでしょうか。戦争になれば、人の命を奪うことが日常茶飯のことになり、何ら罪の意識もなく、平然と殺せるようになるのです。ここに戦争の恐ろしさ、理不尽さがあります。

ニール・ドナルド・ウォルシュの書いた『明日の神』の中で、神は「私は生命である」と言っています。人の命を平気で奪う行為は、まさに神を殺すことと同じだということを、私たちは肝に銘じておかなければいけないでしょう。

あの世があると思えば楽に生きられる（２０２２年１月23日）

昨年亡くなった瀬戸内寂聴さんに次の言葉があります。

「あの世があるかどうか分からないが、あると思えば人生は楽になる」――

まあ瀬戸内さんは仏門に入られていたわけですから、あの世の存在を信じていたとは思いますが、死後どうなるかは科学的に証明されていないので、「分からないが・・・」という言葉が出たのだと思います。

人生長く生きていれば、いろいろ悲しい出来事に遭遇しますが、中には本当に深い悲しみをもたらすものがあります。自分の子に先立たれるとか、愛していた人やペットの死に直面するとか、です。

今までそこにいたものが、ある日突然いなくなる――その存在そのものが全て無くなってしまったと考えたら、その喪失感は計り知れないでしょう。その悲しみはなかなか癒すことはできません。

しかし、死というのは単に肉体という衣を脱ぎ捨てるだけで、その存在の本質である魂はあの世に行って生き続ける。そしてあの世から自分を見守ってくれている、と考えたらどうでしょうか。やがて自分もあの世に行くわけですから、そこでまた再会できると・・・。

死んだら何も残らないと考えるよりも、魂は生き続けてあの世へ行くと考えたほうが、どれだけ悲しみを癒すでしょうか。

あの世があるかどうか科学的には分からないのだから、あると信じたほうが人生を前向きに楽しく生きられるのではないでしょうか。

第2章

幸福な人生を生きるヒント

人はどうしたら幸福になれるか

人生幸福に生きられたら最高ですよね。それでは幸福な人生はどのようにしたら送れるのでしょうか。

ここでいろいろな条件を持ち出す人がいます。ある程度の安定した収入。健康。家族や友人関係。あるいはやりがいのある仕事や趣味が重要だと答える人もいるでしょう。

しかし条件を持ち出すと、二つの点でポイントがずれてしまうのです。一つはそれが絶対に必要というわけではない、という点です。すごい大金持ちでも人生に絶望し、自殺することがあるし、健康な身体を持っていても自殺することがあるではないですか。

またもう一つの点は、条件を持ち出すと比較の罠にはまってしまう、ということです。ある人がまあまあ普通に食べていけるだけの安定した収入を得ていても、その人のまわりの人たちは約2倍の収入を稼ぎ、贅沢な暮らしをしているのを知ったとしたら、その人はどう感じるでしょうか。なにかみじめになって、自分の人生に不満を持つのではないでしょうか。

比較することに意味はありません。収入や社会的地位だけでなく、知能や容姿、いろいろな能力、知識、体力などで自分より優れた人は世間に山ほどいるのですから。

さて、それでは幸福になるためにはどうしたらいいのでしょうか。ここからが本題です。まず、どういう状態の時に私たちは幸せを感じるのでしょうか――第一志望の大学や会社に入ることが決まった時？　愛する人と肩を寄せ合い、すばらしい夕日を眺めている時？　大好きな野球チームが10年ぶりで優勝を決めた瞬間？　あるいは誕生日に多くの人たちから拍手され、祝福の言葉をかけられた時？

このような時に私たちは幸せを感じるのではないでしょうか。これは「いま」、「ここ」にいる自分に満足している状態なのです。そしてここからが重要な点ですが、その時の心の状態は「気持ち良い」のであり、「良い気分」なはずです。つまり幸福とは心地よい気分のことなのです。

反対に誰かと喧嘩してイライラしていたり、憎しみや嫉妬心を持っていたり、将来に対する不安や恐怖を感じている時は心が穏やかでなくなり、悪い気持ち（気分）になるわけです。こんな時に私たちは不幸と感じるのではないでしょうか。

幸福とか不幸とかは、その時の気持ち（気分）に他なりません。これを快・不快という言葉で表してもいいでしょう。心が快の状態なら幸福だし、不快になれば不幸と感じるわけです。だから幸福になるヒントはいかに良い気分になれるか、それだけなんですよ。

ジージーとかミーンミーンと鳴くセミの声を「風情を感じて美しい」と思う人もいれば、「うるさいなあ」と不快に思う人もいるでしょう。風情を感じる人は幸せな人だし、騒音と感じる人は不幸な人です。なぜなら、幸か不幸かを決めるのはその時の心の状態によるのであり、快の気分は幸福を、不快な気分は不幸もたらすからです。

同様に、同じ料理を食べても「おいしい」と感じる人は幸福だし、「まずい」と感じる人は不幸なのです。ただしこれらは対象が物や自然の場合のことで、実際に幸福を決めるのは、もっと複雑な要素が入り込むのです。それが「人間関係」です。

人の心にはまだ謎の部分も多く、とても複雑です。だから、複雑な人間関係が幸福の要素に絡んでくると、ますます幸福な人生を生きるのが難しく思えてくるでしょう。実際、すぐに幸福を手に入れる人は少ない。それはどこに問題があるのでしょうか。私は複雑なものをできるだけ簡単に考えたいのです。単純に捉えることで、幸福に生きるヒントが見えてくるからです。

ここが重要なポイントです。簡単に言えば、なかなか幸福を手に入れることができない人の問題点は、幸福になるためのエネルギー放出の方向が逆になっている、ということなのです。もっとわかりやすく言うと、まず最初に自分の幸福を考えている——当たり前と思われるかもしれないが、実はここに落とし穴があるのです。

素晴らしい景色を眺めて幸福を感じている、というような場合は別として、心理学者で精神分析医のアドラーが「人の悩みはすべて人間関係の悩みである」と言っているように、幸福か不幸かは人間関係によるところが多いのです。そして自分が幸福になれるよう、相手にそれを要求するのです。「もっと私を評価してほしい」、「私の立場をわかってほしい」、「もっと優しくしてほしい」、「もっと私を愛してほしい」――そうしてくれれば私は幸せになれるのに、と思うのです。

ところが相手は自分の思い通りには動いてくれません。それはそうでしょう。相手は自分とは違う人格を持っているのですから。性格も感性も価値観も立場も、みな違うのです。だからこちらの期待どおりには動いてくれないのです。そして欲求不満が高まり、イライラが募り、不快な気分となって不幸感を味わうことになるのです。

それならどうしたらよいのでしょうか。エネルギーの放出方向を自分から他人に変えてみるのです。ここが幸福になるための最大のポイントです。心理学上の大原則があります。それは相手に発したエネルギーは、そのまま自分に返ってくる、ということです。

人生はやまびこのようなものです。バカヤローと発すれば、バカヤローと返ってきます。相手に怒りをぶつければ、相手の怒りとなって返ってきます。戦争でよく使われる言葉に「報復」があります。「やられたらやり返す」というわけです。報復攻撃をすれば、相手もまた報復してくる。まさに報復の連鎖で、戦闘はどんどんエスカレートしてしまうのです。

これは負のエネルギーですが、正のエネルギーにも同様のことが言えるでしょう。相手に喜びと感謝の気持ちを伝えれば、それは相手の喜びとなって自分に返ってきます。つまり、自分の幸福を考える前に、まず相手の幸福を考えよう、ということなのです。自分の幸福を相手に求めるのではなく、相手が幸せになることを考え実行しよう、ということなのです。相手から「愛されたい」という欲求から、相手を「愛する」ことに意識を向けることが大事なのです。

先ほどのアドラーには面白い話があります。彼の患者である精神を患った人に対して、「私の言うことを聞けば、2週間で全快する」と言っています。それは、「どうやったら人を喜ばすことができるかを考え始めればよい」というのです。これも自分のことばかりに目を向けるのではなく、まず相手に関心を持ち、相手の幸せを考えましょう、ということで、そうすれば病気も治ってしまう、と言っているわけです。

故・無能唱元は魅力ということについて次のように言っています。「魅は与によって生じ、求によって滅す」と。魅力というものは人に与えることで生まれ、求めることでなくなってしまう、というのです。まさに至言ですね。この言葉を幸福に当てはめてみましょう。幸福になりたければひと言——すなわち「求めるな、与えよ！」です。

【ブログ】幸福な人と不幸な人の分岐点
――道路の私有地問題に関して（2023年5月15日）

先日テレビの報道番組で、ある道路の私有地問題について報じていました。それは銚子から茨城へ抜ける、通称「シーサイド道路」の一部が私有地になっていて、そこを通行する車から通行料を徴収しているということでした。

通行料は最初は500円だったものが今では4万円になっているそうで、地主と通行者の間でたびたびトラブルとなり、地主の暴力で傷害事件となり逮捕される事態にもなったそうです。

地権者は自分の土地に対し不動産取得税や固定資産税を払っているのだから、そこを勝手に通るのはけしからん、ということなのでしょう。しかし、道路というのは公共性があるわけですから、一方的に地主の主張が通るとは思えませんが、私は法律の専門家ではありませんので、その点についてのコメントは差し控えます。

かわりに、もっと哲学的なコメントをしたいと思います。それは、こういう問題に関し、幸福な人と不幸な人の分かれ道があるということなのです。

地主は自分の土地を誰かが通行したからといって、腹が痛くなるとか、自分の預金口座からお金が落ちるなどの、何らかの不利益を被ることはありません。それなら気持ち良く通してあげればいいではないですか。いや、オレの土地を勝手に通るのはけしからんって、こういう人を昔の言い方で（今はエゲツないのであまり使いませんが）、ケツの穴の小さいヤツというのです。

同様のことは他にもありますね。これは実際私が体験していることですが、対向車があった時に、どちらかがバックしなければならないような狭い道路があります。そんな時、すぐ横に誰かの私有地（車の駐車スペース）があれば、そこに一時、車を乗り入れて対向車を通すことができます。運転する人にとっては、そのスペースは大変助かります。でも実際、ケツの穴の小さい人がいるんですね。自分の私有地（駐車スペース）の道路際いっぱいに鉢植えを何本か置いて、乗り入れできないようにしているのです。

こういう人はなかなか幸福にはなれないでしょう。幸福と不幸の分かれ道はここにあるのです。幸福とは何でしょうか？　私は幸福とは良い気分のことだと思っています。笑いがあって楽しく、ウキウキした気分。また安心感があって落ち着いた穏やかな気分——このような良い気分の時、私たちは幸せを感じるのではないでしょうか。反対に、イライラしたり悲しく落ち込んだり、不安になっている時に幸福を感じることはありません。

心理学上の常識があります。それは相手に対し発した自分の感情のエネルギーは、そのまま自分に返ってくる、ということです。相手に怒りをぶつければ、その怒りは自分に返ってきます。悲しい思いをさせれば、その悲しみは自分に返ってきます。相手を喜ばせることができれば、その喜びはやかて自分に返ってくるのです。

シーサイド道路の地主は常に監視カメラで見張っていたそうです。その間、心は落ち着くことはないでしょう。誰かが自分の所有地を通ったからといって、実質的な不利益は被らないのですから、相手を喜ばせてあげたらどうでしょう。その道路を通れば3キロで行くところを、う回路を通れば5キロになってしまいます。道路を気持ちよく通してあげれば、ガソリン代や時間の節約にもなるし、地球環境にもやさしくなれます。

これは社会に対し貢献しているわけで、良い気分になれるのではないでしょうか。だからといって、自分のしたことに対する見返りを求めてはいけませんよ。見返りを求めれば不満が生じ、ケツの穴の小さい人と同じになってしまいますから。

人生はやまびこのようなもの（2014年8月25日）

人生はやまびこのようなものだ。こちらが発したことが、そのまま返ってくる。

「ありがとう」と言えば、「ありがとう」の言葉が返ってくる。

「ばかやろう」と怒鳴れば、「ばかやろう」と怒鳴り返される。相手が目下の場合は、そうならないかもしれないが、心の中では怒りが渦巻いている。

人に優しい言葉をかければ、優しくされる。人を恨めば、恨まれる。

だから、人生は自己と他者との関係性の中にあるといっても、主体はあくまでも自分なのだ。

自分の心の持ちようで、人生は決まってしまう。

これが人生における偉大な秘密の一つだと私は思っています。

最強の生き方――自灯明法灯明（2020年11月9日）

明日のことは誰にも分かりません。大地震が起きるかも知れないし、交通事故で大怪我をするかも知れません。ましてや1年後、10年後に自分はどうなっているのか全く分かりません。

つまり先のことは誰にも分からないわけで、私たちは未来に向かって暗闇の中を歩いていくようなものなのです。

暗闇の中を歩くには明かり（灯明）が必要です。仏教には「自灯明法灯明」という教えがあります。私は、この言葉は最強の生き方を示した言葉だと思っています。

この言葉の意味は、自分自身を明かりとし、自分をよりどころとして、また仏法をよりどころとして進みなさい、ということなのです。

別の言い方をすると、人に頼るな、他人に依存するな、という戒めなのです。

しかし実際の人生では、私たちは多くの人に依存して生きています。心の支えや金銭面でも、今の生活を維持するために他の人の援助を必要としています。つまり自灯明ではないわけで、ここに人間関係の苦悩の根本原因があるのです。

誰でも分かっていることですが、他人は自分とは違う存在です。だから自分が思うようには他人は動いてくれません。つまり当てにはできないのです。当てにできないものを当てにするから苦しみが生まれるのです。

世の中では、人に裏切られることもあるし、今まで味方だと思っていた人がいつの間にか敵になっていたりします。

また夫婦関係や職場での人間関係、ご近所やサークル等での人間関係において、ある人の欠点（性格や考え方）を直してくれたら、私の人生はより良いものになるのに、と思うことがあります。

これも自灯明ではありません。なぜなら、その人が変わることを前提として自分の幸福を考えているからです。つまりその人に依存しているのです。

他人の性格や考え方を変えることはできません。唯一変わることができるのは、その人自身が何かに気づき、自分で自分の性格や考え方を変えようと思った時だけです。

他人が良い方向に変わってくれたら儲けものぐらいの気持ちで、変わらないことを前提に自分の人生設計をしていくべきではないでしょうか。それが人間関係での不安を解消する最強の生き方だと私は思っています。

「愛せない」か「愛されない」か（２０２２年10月23日）

先日、テレビのバラエティー番組で、女性アナウンサーが女優の寺島しのぶと広末涼子にインタビューしていました。

二人は映画「あちらにいる鬼」に共演していて、この映画は昨年亡くなった瀬戸内寂聴さんの半生を描いたものだそうです。この映画の宣伝をかねてテレビで放映されたものなのでしょう。

さて、私はこのテレビを見ていて、とても感心したことがあったので、ここに書いてみます。

女性アナウンサーがこの二人の女優にとてもいじわるな質問をしたのです。その質問はＡ「相手を愛しているのに愛されない人生」と、Ｂ「相手から愛されているのに愛せない人生」と、どちらかを選ぶとしたらどちらですか？というものでした。

まあ究極の選択ですが、なんと二人とも即座にＡの札を上げたのです。

私の先入観かもしれないですが、女性は一般的に受け身の存在なので、とにかく「愛される」ことを最も望むと考えていたのです。

それが二人とも逆の答えをした。広末涼子は「愛することのない人生はむなしい」と言い、寺島しのぶも同調していました。

愛されることを強く望んだとしても、その願いが叶えられるかどうか分かりません。なぜなら、愛の主体は相手にあるからです。これは相手に依存している状態です。依存している限り、真の幸福は得られません。

逆に愛することを第一にする人生では、愛の主体は自分にあるわけで、仏教で言う「自灯明」――暗い夜道を自分自身を灯明とすることで、人生を主体的に生きることができるのです。

二人の女優は、とても自立していると感心した次第です。

山での挨拶（2017年8月31日）

私はハイキングや山登りが好きで、年何回か行きます。山では都会とは全く違う光景が人との関係において現れるのです。それが「挨拶」です。

「こんにちは」、「こんにちは」——登山やハイキングをする人には分かると思いますが、山道で人とすれ違う時、お互い挨拶をかわす光景は普通に見られるものです。

街中で見知らぬ人と挨拶することはありませんが、山道だとそれが当たり前に行われる——ここに山の魅力の一つがあるのかも知れません。

さて、「こんにちは」と声をかければ、「こんにちは」と返ってきます。これはとても気持ちがいいものです。

しかし、めったにないことなのですが、挨拶が返ってこない時があるのです。これはあまり気分のいいものではありません。「なんだ。こちらが挨拶しているのに、なんで無視するのか」というわけです。

これは大多数の人が感じる反応でしょう。私もそうでした。でも、ちょっと考えてみたのです。

相手から挨拶が返ってくれれば気持ちがいいが、無視されたら気持ちが悪い——これは、こちらの気分（心の状態）が相手に依存していることを意味します。これはどうもおかしい。なぜ相手の反応で自分の心が決められてしまうのか。もっと泰然自若としていられないものだろうか。

相手はたまたま考え事をしていて、私の声が聞こえなかったのかも知れないし、元々難聴の人かも知れない。あるいは、あまり人との接触を好まない人なのかも知れません。

色々理由はあるでしょうが、いずれにしろ、相手の態度でこちらの気分が左右されることはないのです。

見知らぬ人に気軽に声をかけられる——街中ではほとんどない体験が山ではできるのです。この山の魅力を味わえるだけでいいのです。

関係の中の人生（２０１６年８月16日）

私たちの人生はすべて「関係」の中にあります。

一人絶海の孤島で、あらゆるものと何の関係も持たずに生きている人は、この世界中探してもほとんどいないでしょう。

大多数の人は、何らかの関係の中で生きています。家族や職場、地域社会、趣味の会などの人間関係、あるいはペットなどの動物や、ガーデニングをする人には植物との関係もあるでしょう。

私たちが、何らかの感情（喜びや悲しみ、怒りなど）を持つのは、これらの関係においてなのです。

そしてこれらの関係こそが、私たちの幸福を決める礎だと私は思っています。


大金持ちで豪華な家に住み、贅沢な暮らしをしていても、家族や職場など色々な人間関係でいがみ合い、怒鳴り合っている人が幸せと言えるでしょうか。

逆にまた、暮らしがとても質素で、贅沢などとてもできない状況でも、常に笑いや楽しみ、良好な人間関係があれば、その人は幸せと言えるのではないでしょうか。

この世の中で一番大切なのは「関係」である——私はその事を念頭に置いて生活しています。

ヘイトスピーチというのがあります。憎しみの言葉を相手にぶつける演説です。ヘイトスピーチをする人は、あきらかに相手に対する憎しみの心を持っています。それが言葉となって、相手の心にぐさりと突き刺さるのです。

さて、その憎しみを突き刺された相手は、どんな感情を持つでしょうか。通常は憎しみの心を持つようになるのです。憎しみには憎しみを、怒りには怒りで応えようとするのが人間なのです。

逆に温かい言葉、信頼の言葉は、相手にも同様の感情をもたらすのです。

人間関係とはそういうものです。

だから、人間関係がこじれた時、私たちは相手の欠点や間違いを見つけ、それを直すことを要求しがちですが、それが何の解決にもならないことを知らなければなりません。

なぜなら、相手もあなたの欠点や間違いを正すことを要求してくるからです。

あなたは自分が間違ってないと主張しますが、相手は屁理屈をこねてでも、あなたは間違っていると主張するものなのです。それが「関係」の論理です。

性格や人格、考え方は変えることができます。しかし、相手のそれを変えようとするのは不遜なことです。唯一変えられるのは、相手自身が、自分の性格、人格、考え方を変えようと思った時だけなのです。つまり、自分を変えることしかできないのです。

でもこの真実が分かってくれれば、良好な人間関係を築くのは、さほど難しいことではないかも知れません。

こじれた時は自分を変える、自分の見方を変える。すると相手も、あなたを見る目が違ってくるはずなのですから。

ありがとうは「有難う」と書きます(2016年5月2日)

私は以前から、とても不思議だと思っていたことがあります。

それは、ありがとうと言う言葉を漢字で書くと、「有難う」と書くことです。

えっ！　なぜ「難が有る」なんて書くのだろう？　難があったら、ありがたくないではないかと。

でも、そう書くからには、そこには何か深い意味がありそうだと、最近思うようになったのです。


「ありがとう」は普通、感謝の気持ちがある時に言う言葉ですよね。誰かから親切にされたとか、自分に得になるような事をしてくれたとか、そんな時に言う言葉です。

だから難があったら、ちっともありがたくないのではないかと、普通は考えますよね。


しかし、本当の意味の「ありがとう」とは何なのでしょうか。そんな常識的なことではなく、もっと深い哲学があるのではないかと思うようになったのです。

つまり、自分に得になるから「ありがとう」ではなく、得にならなくても、いやもっと言えば、得にならないから「ありがとう」なのではないかと。

ここまでいくと、もう聖人のようになってしまいますが、どんな場合でも、どんな相手に対しても感謝の気持ちを持てたら素晴らしいですよね。

どんな時でも、何をされても「ありがとう」と感謝する——う～ん、これはもう悟りの境地ですね。唐の時代の雲門禅師が「日日是好日」と言って、来る日も来る日も今日は良い日だ、と言った心境に通じるところがあります。もちろん私は凡人ですから、そんな境地には達していませんが・・・。

そういえば、イエス・キリストも言っていましたね——「右の頬をたたかれたら、左の頬も向けなさい」、「下着を取ろうとする者には、上着をも与えなさい」（マタイによる福音書第5章39節～）と。

そして、「敵を愛し、あなたを迫害する者のために祈れ」と。

日日是好日（2016年3月1日）

「なぜ、あんな事をしてしまったんだろう」とか、「あの時、ああすれば良かった」とか、後から考えてその時の判断が間違っていた、という経験は誰でもたくさんあるはずです。

人間は神様と違って不完全ですから、判断ミスは常にあるわけで、それを後悔と言うなら、人生は後悔の連続です。

さて、後悔ほど人を簡単に不幸にさせるものはない、と私は思っています。

「覆水盆に返らず」で、時は元に戻らないわけですから、後悔してもしょうがないのに、後悔するたび、その時の悔しさや悲しさ、怒りといったものが思い出され、私たちを苦しい気分にさせてしまうのです。

このような状況はどう変えていったらよいのでしょうか。

中国の唐の時代の禅僧に雲門という人がいます。

その雲門には、次のような有名な言葉があります。「日日是好日」です。

この意味は、「毎日毎日イヤな事が起こらず、良い事ばかりでありますように・・・」という祈りの言葉と解釈している人がいるようですが、そうではありません。

人生は山あり谷ありなんですから、そんなに良い事ばかり続くはずないじゃないですか。

実際、人生では色々な事が起こるわけです。

悲しい事、苦しい事、不安な事、イライラする事、もちろん嬉しい事や楽しい事もある。それらを全部ひっくるめて、毎日毎日くる日は良い日だ、というのです。

どうしてそう言えるのか。それは陰陽という哲学から導き出せるのです。

陰のためには陽が、陽のためには陰が必要なのです。同様に、喜びのためには苦しみが、健康のためには病気が、生のためには死が、幸福のためには不幸が必要だからです。

反対のものがないと、私たちはそれを自覚できないのです。だから一見イヤだと思う事も、人生には必要なのです。

う〜ん、完全なプラス発想ですよね。私はこれを悟りの言葉だと思っています。もちろん私はまだ修行が足りませんので、このような境地には至っておりませんが・・・。

いやがらせの心理（2018年1月15日）

以前、東名高速道路で無謀な割込み運転をし、家族旅行の車を無理やり追い越し車線で停車させ、夫婦を交通事故死させてしまった事件がありました。

この事件以来、ドライブレコーダーの売り上げが急激に伸びたという衝撃的な事件でした。

実は私も、以前これと似たような体験をしたことがあるので他人事と思えず、犯人の石橋和歩という人には特別な感情を持ってしまいます。

さて、私が関心を持った話はこの続きにあります。

この石橋和歩は、以前建設会社に勤めていたことから、彼の住まいの地域にある石橋建設の社長の息子ではないかという噂が立ち、この噂をもとに、いくつもの嫌がらせの電話（多い時で1日100本）やネットでの誹謗中傷の書き込みで、建設会社の営業に莫大な損害を与えたというのです。

これは犯人と会社が同じ名字というだけで、全く関係のないニセ情報だったのですが、もし仮にこれが本当の情報だったとしても、このような嫌がらせをすることに私は許せない気持ちになるのです。

だいたい電話とかネットという、こちらの顔も見せない手段で、「死ね」とか言う罵詈雑言を浴びせるのは卑怯ですよ。

現代はネット社会であり、これはその負の側面だと思いますが、いじめなどもネットで誹謗中傷し炎上することもあるようです。

どうしてこうも人を激しく責め立てるのでしょうか？

このような人たちは、責める相手の方ばかりに視線が行っているようですが、自分自身の心の方に目を向けるべきです。

弱い犬ほどよく吠えます。その心理は怖いからです。自信がないからです。恐怖心や不安感が強く臆病なので、その心の裏返しで他人に強くあたるわけです。

本当に心の強い人は、他人に優しいんですよ。

クレーマーの本質（2015年6月14日）

先日、ラジオの人生相談で、ある男性がこんな悩みを訴えていました。

「レストランやデパートなどで、接客等で相手に落ち度があった時、責任者を呼び出し、延々と2、3時間も苦情を言ってしまうことが多々ある。それで営業妨害とか言われて、出入り禁止になったりもする。店のことを思って言っているのに分かってもらえず、どうしてこのような結果になってしまうのだろう」――という相談でした。

いわゆるクレーマーというヤツですね。

私はラジオを聴いていて、クレーマーと言われる人たちに共通する本質が分かったような気がしました。

そこには大きな問題点が二つあるようです。

その①――自分の主張が100％正しいと決めつけてしまう心の偏狭さを持っていることです。

この世の中には色々な人がいて、色々な考え方や感じ方のもと社会が成り立っているのです。自分の意見もその一つに過ぎないわけで、常に客観的に色々な人の意見を見ていかなければ、正常な人間関係を築くことはできません。

その②――自分の心の中にある問題点に気づいていないこと、つまり己を知らないことです。

彼は「店のことを思って言っているのに・・・」と発言していますが、本当にそうなら（店側のミスやシステムの問題点を指摘するだけなら）、たぶん１，２分で終わってしまうことでしょう。その後、その指摘事項についてどう対処するかは店側の問題であって、彼の問題ではないのです。

このような指摘をしただけなら、店側から感謝されることはあっても、営業妨害と言われて出入り禁止になるなど考えられないことです。

彼は自分の無意識にある問題点に気づいていないのです。

たぶん彼の心の中には、職場や家庭や社会に対する不満が渦巻いていて、その鬱積した気分を紛らわすために苦情を言っているのではないでしょうか。

あるいは、普段から抱いている劣等感を、お客という優位な立場に立つことによって解消しているのかもしれません。

とにかく、これら二つの問題点に気づかなければ、彼の悩みは永久に解決することはないでしょう。心の成長とは、自分の問題点に気づくことなのですから・・・。

ハラスメントの正体（2021年11月29日）

近年、ハラスメントなる言葉がマスコミをにぎわすようになってきました。これは昔からあったことなのですが、近年、人権に対する意識が高くなったお蔭でしょう。

ハラスメントとは人権侵害のことで、相手に不快感や不利益を与え、尊厳を傷つける行為のことです。パワハラやセクハラ、モラハラなどが主ですが、お客が店員に対して行なうカスハラ（カスタマーハラスメント）の他、いじめやネット上での誹謗中傷なども含まれるでしょう。

また芸能人が不倫したというニュースが流れた時、その人に対しネット上で「死ね！」とかの罵詈雑言を繰り返す人たちがいます。彼らはこの芸能人が不倫したことで何らかの不利益（腹が痛くなるとか、自分の預金通帳から金がなくなるなど）があるわけではありません。それなのに、世の中の悪をただすみたいな正義ヅラして、読むに堪えないような悪口を書き込むのです。それを苦に自殺した人もいるのですよ。

さて、どうしてハラスメントをする人が後を絶たないのでしょうか。私たちはその奥にあるもの、その正体を知らなければなりません。

実は、ハラスメントされる方はとても苦しい思いをしますが、ハラスメントする方も心は満たされず、苦しい思いをしているのです。だいたい他人に怒りをぶつける人は、自分自身に対しても怒りの感情を持っているのです。これを心理学用語で「投影」と言います。彼らは今の自分の人生に不満があるのです。その不満の正体は何か？——それは劣等感であり、自己重要感の欠如なのです。

自分は人と比べて劣っている——その苦しさから逃れるために、自分が優位な立場を利用し、相手を貶めることで、自分の優位性を確認し、劣等感を払拭しようとしているのです。

パワハラやセクハラ、いじめ、誹謗中傷などで相手を傷つける人間は、実はとてもかわいそうな人なのです。ハラスメントする人はそこを自覚してほしい。そして劣等感を克服するには、相手を傷つけることではなく、相手に優しく接し、感謝されることでしか方法はないのだ、ということを知ってほしいと私は思っているのです。

不寛容の時代——山口達也(TOKIO)事件に思う(2018年5月6日)

この間、TOKIOの山口達也が酔って女子高校生にキスを強要したとして大問題になりました。最近のセクハラやパワハラの問題を含め、マスコミの対応もそうですが、何だか世の中全体が不寛容の方向へ行きすぎているように私には思えてならないのです。

今回の事件は、酔った状態で未成年に飲酒をすすめ、嫌がる相手に強引にキスをしました。逃げ出した被害者は、その日のうちに警察署に被害届を出しています。この行為は確かに卑劣です。彼女の心に一生消えない傷を残したでしょうし、TOKIOの他のメンバーや関係者に対し、配慮や思慮深さが欠けていたのも事実でしょう。

山口達也は自身も認めているように酒に弱いのです。もちろんこの場合は、アルコールの毒素を分解する酵素が肝臓にない人、という意味ではありませんよ。酒を飲むと人格が変わったり、理性のタガが外れたりしてしまう人がいます。こういう人を酒に弱いというのです。

しかし私も含めて、人は誰でもどこかに弱さを持っているものです。どこを取っても強さしかない人なんていませんよ。神様じゃないんだから・・・。

それで時々、失敗をしたり、人を傷つけたり、迷惑をかけたり、後悔したり、反省したりする。

それが人間ではありませんか。

人間というのは誰でも善と悪を持っています。完全な善人や、完全な悪人は一人もいません。だから誰でも間違いを犯します。犯罪で刑務所に入る人もいます。その中には、一生懸命反省し、社会復帰しようと努力する人もいます。一度間違いを犯したからと言って、絶対に許さないということではなくて、努力している人を受け入れるような社会を私は望んでいます。

聖書に私の好きなイエスの言葉があります。姦通した女を引き立てて石打ちの刑にするかどうかをイエスに問う民衆に向かい、イエスは言いました。「あなたがたの中で罪のない者が、まずこの女に石を投げつけるがよい」と（ヨハネによる福音書第8章7節）。それを聴いて、誰も石を投げつける人は出なかったのです。自分の心に巣食う罪や弱さ、欠点に気づいたからです。

私自身、ズルくて、卑怯で自分に甘い人間です。だから、他人の罪や弱さを厳しく糾弾することなどできません。

知と情の葛藤（2018年4月5日）

夏目漱石の「草枕」の冒頭に「知に働けば角が立つ。情に掉させば流される。意地を通せば窮屈だ。とかくこの世は住みにくい」という文章があります。

知と情というのは、とかく対立するもののようです。

先日、タレントのモト冬樹がスズメを飼っている動画が流されました。カラスに狙われていたスズメのヒナを保護し、チュンちゃんと名付け飼い始めたら、とてもよく懐くんですね。

モト冬樹の頭に乗ったりして、とてもかわいいのです。

ところが東京都から注意されたのです。野生動物を飼うことは、鳥獣保護管理法に違反すると言うのです。

つまりモト冬樹は法を犯しているわけで、スズメをはなさなければなりません。でも、人からエサをもらう習慣のついた鳥をそのまま野生に返せば、生きていくのは難しいでしょう。

知（この場合は法）と情との板挟みというわけです。

他にもこんなニュースがありました。交通違反の取り締まりの警察官が、違反車両を取り締まったところ、実はその運転手は同僚の警察官だったのです。そこで違反切符を切るのをやめて見逃したら、それが後でバレて罰を受けたというのです。

これも知と情のせめぎ合いですね。情に負けたわけで、これも人間の弱さなのでしょう。

日本は法治国家なのですから、両方のケースとも、やはり法に従わざるをえないわけです。それが正しい道なのでしょう。

でも、なんだかなあ・・・。頭では分かっているけれど、あまりにも知を優先すると、無機質な人間のような気がして・・・。

人間の持つ弱さ自体が逆に人間的とも言えるのではないかと考えてしまうのです。

騒音問題の難しさ（2023年1月7日）

以前、長野県にある青木島遊園地という公園が閉鎖されるということで、テレビで話題となりました。

その理由が子供たちの遊ぶ声がうるさいという騒音問題だというのです。しかもその苦情は近隣の1軒の住民から出されたものだと。

この公園は児童センターのとなりにあるため、多くの子供たちの遊び場になっていたのです。だから公園の意味もあったはずです。

それがたった1軒の苦情が元で閉鎖とは――市側に問題があるのは間違いないでしょう。

ただ私がここで言いたいのは市の不手際という行政上のことではありません。騒音問題というのは難しいのですね。なぜなら、同じ音量でも、それをどう感じるかは個人の感覚の問題だからです。

以前、同様の近隣からの苦情で保育園が建設できなかったり、除夜の鐘をつくのをやめたりした寺もありました。

私がここで言いたいのは、人の感覚はさまざまですが、それは変えることができるということなのです。

もう何十年も前のことですが、故・無能唱元の講演会で彼が言ったことは鮮明に記憶しています。

大分昔のことですが、日本にディスコが流行り始めた時がありました。ディスコとはどんな所だろう？　試しに行ってみようかということになり、無能唱元たちは仲間とともに行ったそうです。

ディスコの入り口の扉を開けると、中の大音響が耳をつんざき、耐えられないぐらい不快に感じたそうです。事実何人かは帰ってしまいました。

無能唱元も最初は不快だったのですが、フロアを見ると若者たちが恍惚の表情で踊っています。それでは自分も踊ってみようと、フロアで踊り始めたら、自分の中である変化が起きたのです。

今まで不快だと感じていた大音響が甘味な音楽に変わったというのです。ディスコ音楽の音量は変わっていません。それなのに、自分の心の状態が変わることで、不快が快に変化したのです。

騒音だけではありませんが、自分のまわりには不快なことがたくさんあります。ただそれを苦情という形で外に向けるのではなく、その前に自分の内面にも目を向けてみてはいかがでしょうか。

いったいどうしたらいいの(2015年6月27日)

先日、本屋を歩いていたら本棚に『肉を食べる人は長生きする』(柴田博著)という本を見つけました。

「ふ〜ん」と思って見ていたら、その隣には何と『長生きしたけりゃ肉は食べるな』(若杉友子著)という本があるではありませんか。

えっー! いったいどっちを信じればいいの?

柴田氏は医学博士の肩書を持っているし、若杉氏は長年にわたり食養の研究と実践をしてきた専門家らしい。どちらも体と健康に関しては専門家なのに、どうしてこうも違うのだろうか。

このように専門家の間でも意見が対立しているのだから、専門家ではない多くの人たちは、どうしていいか迷ってしまいますよね。

このような例は他にもたくさんあります。

近藤誠という医者の書いた『患者よ、ガンと闘うな』という本は有名ですが、同じ医者でも永野正史の書いた、あきらかに近藤氏を意識したと思われる題名の本『患者よ、ガンと闘おう』というのもあります。

日本動脈硬化学会では、心臓病のリスクを高めるので、コレステロール値は低く保たなければいけない、と言いますが、日本脂質栄養学会では、コレステロールは高いほうが長生きする、と正反対の主張をしています。

「おいおい、いったいどっちを信じたらいいの？」と言いたくなります。

ここまでは体や健康についてですが、世の中を見渡せば、その他の分野で、専門家どうしで意見が対立することなど日常茶飯事です。

政治や経済の問題では、政治家や経済学者の間で意見が対立し、激しい議論をしている姿をテレビなどでよく見かけます。

今の日本は情報化社会であり、色々な情報があふれています。その中で生きている私たちは、どうしたらいいのでしょうか。

そこで私の提言――

まず、一つの本の主張や学説だけを信じ、それを鵜呑みにしないことです。対立する意見や考えにも目を向け、先入観にとらわれずに自分の頭で考え、物事を冷静に判断するという客観性が必要なのではないでしょうか。

何事もバランスが大切（2023年4月27日）

進化生物学を専門にしている長谷川英佑北海道大学准教授の研究によれば、アリの集団には、よく働くアリと、少し働くアリと、あまり働かないアリの3種類があると言います。その比率は2：6：2になるのだとか。

さて、ここからが肝心なところです。ほとんど働かないアリを集団から排除したらどうなるのか？やはり一定割合で働かないアリが出てくるというのです。働かないアリだけを集めても、やはり同じように今度はよく働くアリが出てくる。その割合は、2：6：2になるのだそうです。

つまり、アリの集団の存続のためには、働き者だけではだめで、さぼる連中も必要ということなのでしょう。バランスが大切なのですね。

私たちの腸内には善玉菌と悪玉菌、そしてどちらにもなる日和見菌がいます。善玉菌は腸内環境を良く保ちますし、悪玉菌が増えると腸内環境は悪くなります。それなら悪玉菌は全滅すればいいと思いがちですが、腸内環境維持のためには悪玉菌も一定数必要ということなのです。この点でもバランスが大切なのですね。

先日「広報けいしちょう」という子供向けの新聞紙面を見ましたが、事件や事故に巻き込まれないためのアドバイスがいくつか載っていました。その中で、「やさしそうなひとがきて、おとしものをいっしょにさがして」と頼んできたら、とにかく断りましょう、というアドバイスでした。

警視庁としては、そのように言うしかないのでしょうが、「人を見たらドロボウと思え」式に、どんな場合でも人を信用するなという印象を与えるアドバイスはどうなのでしょうか。何か住みにくい世の中になりそうですね。

確かに最近は詐欺や強盗などの犯罪が多発しています。でもそのような人は一部で、多くの人は優しい人ではないでしょうか。猫も杓子も一緒ではなく、何事もバランス感覚を持って、世の中を客観的に見ることが必要でしょう。

「いいかげん」の勧め（2015年5月11日）

「いいかげん」と言うと、悪い意味で使われることが多いようです。「アイツはいいかげんなヤツだ」とは、無責任でチャランポランな人を意味します。しかしこの言葉は、本来そのような悪い意味ではなく、もっと良い意味で使われていたようです。

この語源について、こんな話を聞いたことがあります。

ご主人が風呂に入っている時、薪で風呂を沸かしていた使用人が尋ねます。「湯の加減はどうでしょうか？」。それに答えて主人が言います。「ああ、いい加減だ」。

つまり、熱過ぎず、ぬる過ぎず、ちょうど良い湯加減だというわけです。

世の中の常として、作用があれば反作用があります。よく効く薬でも、用法によっては副作用が現れます。

一長一短という言葉がありますが、どんなものにもメリットとデメリットがあるのです。いや、別の言い方をすると、長所と思われていたものも、別の角度から見ると短所になる。短所も見方を変えれば長所になる。世の中はそういうものだと思うのです。

人の性格だってそうでしょう。誰が何と言おうと、初志を貫徹するという強い意志を持った人がいるとします。それはそれで素晴らしいですが、裏を返せば、頑固で協調性がないということではないですか。

だから、ある一面だけを見て判断することはできません。正しい判断をするためには、物事の片面だけでなく、両面も見る。違った角度からも見てみる。そのような客観性が必要なのではないでしょうか。

中国医学では、陰と陽の相対立する概念で世界は成り立っていると説きます。その陰と陽のバランスが崩れると病気になると言うのです。

陰と陽のバランスを常に考える。そのような客観的な見方が「いいかげん」に通じるのだと私は思っているのです。

ナンバーワンかオンリーワンか（2016年1月18日）

最近、解散騒動で話題になっているSMAPのヒット曲に「世界に一つだけの花」があります。その歌の訴えたい所、とても印象に残る歌詞に「ナンバーワンでなくてもいい。もともと特別なオンリーワン」というのがあります。

今から約7年前、民主党政権下での事業仕分けで、蓮舫議員が「2番目じゃいけないんでしょうか?」と発言して物議をかもした事がありました。スーパーコンピューターの開発予算に関してなのですが、各方面の識者から彼女の発言は批判されたようです。つまり、ナンバーワンでなければいけないのだと。

ナンバーワンかオンリーワンか?――たぶんそれは、その対象や状況によっても違うんでしょうね。

国家プロジェクトや国家の威信を背負ったスポーツ、経済政策等に関しては、やはりナンバーワンを目指さないといけないのかもしれません。1番と2番の差は大きいのだと思います。

確かに、日本一高い山は富士山ということは誰でも知っていますが、それでは2番目は?というと、ほとんどの人は答えられないのではないでしょうか。ちなみに正解は、南アルプスの北岳です。

私は4年前、中東のドバイに行ったことがあるのですが、あそこの政策として、「2番目では誰も覚えてくれない」ということで、ナンバーワンのものがいくつもあるのです。世界一高いビル、828mの「ブルジュ・ハリファ」や世界一大きいショッピングセンターの「ドバイモール」をはじめ、世界最大の人工島「パームアイランド」、他に世界最大の噴水や世界最大の観覧車まであるのです。

そこまで世界一にこだわるか、と思いますが、時の権力者の考えなんでしょうね。

でも、個人レベル（個人の幸せ）という観点から見た場合、ナンバーワンを目指すということ、つまり人と競争するということが多大なストレスを生み、その人を不幸のどん底に陥れてしまうというケースがあることも事実でしょう。

ナンバーワンになれなくてもいい。精一杯生きたのならば、そこには自然と満足感が生まれ、オンリーワンとしての幸せを感じられるのではないでしょうか。

「頭のいい人」と「りこうな人」（２０１７年７月１日）

世の中には、「頭がいい」と「りこう」を混同している人がいるようですが、これは全然別のものです。

「頭がいい」とは、勉強ができるとか、試験の成績が良いとか、ＩＱが高いとかいう意味です。記憶力が良かったり、頭の回転が速いわけですね。

一方「りこう」というのは、自分の能力や資質を活かす力のことです。「頭がいい」が知識なら、こちらは知恵と言ってもいいでしょう。

そしてそのためには、その状況や場を正確に把握したり、その場の空気を読んだり、他者への配慮や、相手の心情を理解したり、相手の立場に立って考えたりしなければならないのです。そのような能力を持った人を「りこうな人」と言うのです。

「頭がいい」の反対は「頭が悪い」ですし、「りこう」の反対は「バカ」です。大阪弁では「アホ」ですね。この二つは元々別物なので、「頭は悪い」が「りこう」な人もいるし、逆に「頭はいい」が「バカ」な人もいるわけです。

ということは、人間には大きく分けて四つのタイプがあるということです。

①頭が良くてりこうな人
②頭は良いがバカな人
③頭は悪いがりこうな人
④頭が悪くてバカな人

さて皆様は④の頭が悪くてバカな人が最悪だと思うでしょうか。実は違うのです。最悪なのは②の頭は良いがバカな人なのです。

それはなぜか？　頭が良い人は学校の成績も良いのですから、一流大学を出て、会社のトップや幹部、また政治家など社会に影響力を持つ立場にいることが多いでしょう。権限や権力を持っているわけで、このような人がバカだと本当に困るのです。人の心情に寄り添わず、平気で部下に対しパワハラ、セクハラをするのです。権力を持っている人にはなかなか逆らえませんから。

また「先生！」などと言われると自分が偉くなったように錯覚し、今いる自分の立場は多くの人の支えによるものということを忘れてしまうのでしょう。感謝という人間関係の基本を忘れてしまうのです。りこうな人は人に優しいんですよ。

この世の中、「頭がいい」と「りこう」と、どちらが大切な資質と言えるでしょうか？

「実るほど頭を垂れる稲穂かな」

愛の反対はサディズム（2023年8月31日）

愛の反対は何でしょうか。よく憎しみとか無視とか言われますが、その感情面から見た時、私はサディズムではないかと思っています。

愛の感情は共感です。自分の愛している人（ペットでもいいですが）を想像してみて下さい。その人が楽しんでいれば、自分も楽しくなる。悲しんでいれば、自分も悲しくなる。お腹が痛いと苦しんでいれば、その痛みを引き受けたくなる。つまりその感情を共有したくなる――これが愛です。

翻ってサディズムを考えてみましょう。サディズムとは相手を痛めつける心境です。なぜ痛めつけるのか。それはそこに喜びを見いだしているからです。相手の悲しみが自分の喜びとなる。まさに共感とは反対の感情ですね。

「他人の不幸は蜜の味」という言葉があるように、誰でもこのサディズムは多かれ少なかれ持っているのではないでしょうか。もちろん愛の感情も持っています。ただ人によって、その割り合いが違うということなのでしょう。

世の中には完全な善人もいないし、完全な悪人もいません。私たちの心には神と悪魔の両方が存在しているのです。ただその割合が人によって違うわけです。神に近い人もいるし悪魔に近い人もいる、ということなのでしょう。

戦争における拷問や、平和な世でもイジメがなくならないのも、このサディズムがなくならないからです。大切なのは、常に自分の心の中を覗き込むことです。愛とサディズム——私の心はどんな割り合いで存在しているのでしょうか。

幸せな人　不幸な人（2015年4月14日）

幸せな人とはどんな人を言うのでしょうか？　私はそれを、人の喜びを喜び、人の悲しみを悲しむ人だと思っています。

他者が喜んでいる時に一緒になって喜び、悲しんでいる時に一緒になって悲しむ――当たり前のように聞こえるかも知れませんが、世の中はこの反対のケースも多いようです。

例えば、結婚願望が強く、年齢的にもかなり焦っている女性を考えてみましょう。彼女には恋人もいません。

そんな時、友人から結婚するという知らせがあったとしたら、彼女はどう感じるでしょうか。言葉では「おめでとう」と言うかもしれませんが、心の中では、自分だけ取り残されたという寂しさや不安、いらだちなどのマイナス感情でいっぱいになってしまうかもしれません。

「他人の不幸は蜜の味」という言葉がありますが、自分にとってのライバルや嫌いな人に対しては、相手の喜びが自分の悲しみに、また相手の悲しみが自分の喜びになるような場合があるようです。

愉快犯という輩がいます。放火したり、誰かを傷つけたりすることに喜びを感じる犯罪者です。

でもこのような喜びは、心からの本当の喜びではありません。自分の寂しさや怒りを紛らわすための屈折した感情なのです。

このように相手と自分の感情が一致しない状況、またそのような人を私は不幸な人と呼んでいます。なぜなら、そこには共感がないからです。喜びや悲しみなど、一つの感情を誰かと分かち合うことを共感と言います。

私たちは一人では生きていけません。また、人生には嬉しい事、悲しい事、辛くて悔しい事などいっぱいあります。そんな時、その感情を分かち合う誰かがいるということは、なんと素晴らしいことでしょう。ある喜びを誰かと分かち合えるから、私たちは幸福を感じられるのです。ある悲しみを誰かと分かち合い慰めあうことで、私たちは不幸感を軽減できるのです。

共感は喜びを10倍にし、悲しみを10分の1に減らしてくれるからです。

また、共感と愛は密接な関係にあります。あなたの愛する人、家族や親友、恋人などを思い浮かべてみて下さい。その人の喜びや悲しみは、自分の喜びや悲しみとして感じられるはずです。

共感のない愛はないし、愛のない共感もありません。この意味からも、幸せな人とは、深い愛情を持った人と言えるのではないでしょうか。

ボランティア精神とは何か（2014年5月1日）

最初に誤解のないよう言っておきますが、私はどんな動機や心情であるにせよ、社会的に弱者と言われている方たちや障がい者のためにボランティア活動している人々に敬意を持っております。

さて、ボランティアというと「自己犠牲」を連想する人がいます。自分の気持ちや生活を犠牲にして相手のために活動する――これがボランティア精神だと。

これは本当でしょうか。私は以前から疑問に思っていたのです。

犠牲というのはマイナスの感情です。マイナスの感情とは――ボランティアを実践するのは実際大変です。だから本当はやりたくない。楽をしていたい。でも障がい者など、世の中には困っている人たちがいるのだから、彼らのために自分を犠牲にして頑張る、ということではないでしょうか。

もし、このように「自己犠牲」の精神でボランティアをやった場合、相手から感謝されればいいですが、何の感謝の言葉もなかったとしたら、怒りを覚えるはずです。

なぜなら、自分を犠牲にして、あなたのためにこんなにもやってあげているのに、という気持ちがあるからです。

真のボランティア精神とは、「つらい」とか「自分を犠牲にして」というマイナス感情ではなく、相手のために活動していること自体が、自分にとって「嬉しい」し「喜びでもある」し、また「生きがいになっている」という肯定的な精神のことを言うのではないでしょうか。

このように、自分も嬉しいからやっているのであれば、相手に対し感謝の言葉を要求することもないわけです。

昔、「小さな親切運動」というのがありました。お年寄りに席を譲るような、日常よくある小さな親切です。

やってみるとよく分かるのですが、席を譲られた方も嬉しいし、譲った方も、何かすがすがしい感じがして、とても良い気分なのです。

お互いが嬉しいし、幸せな気持ちになる。これこそが真のボランティア精神と言えるのではないでしょうか。

魅力とは何か（2014年11月24日）

魅力とは何でしょうか？　美人やイケメンは、それだけで魅力ある人と言えるのでしょうか。しかし、鼻もちならない美人もいるし、近づきがたいイケメンもいます。財産や社会的地位なども、その人の魅力をはかる要素にはなりえない気がします。それでは、いったい魅力とは何なのでしょうか？

故・無能唱元は、それを次のような的確な言葉で言い表しています――「魅は与によって生じ、求によって滅す」と。

もっと分かりやすく言うと、「魅力というものは、人に与えることによって生じ、求めることによってなくなる」というのです。

これは公園にいるスズメやハトを観察すればすぐ分かります。その他、海のカモメや池の鯉もそうです。エサをくれる人の所に寄ってくるし、つかまえようとすれば逃げます。

まさに単純明快ですね。

それでは、エサ（物）を与えることのできる財力が必要ということなのでしょうか。いや、ご安心下さい。そこが人間の特徴で、他の動物と違うところなのです。

人間の場合は、もちろん欲しい物はあります。でも、物ばかりくれる人には逆に、「何か裏があるのではないか」と警戒する知恵も持っているのです。私たちが一番欲しているものは、心の充足感なのではないでしょうか。

私たちは皆、気持ちの良い状態（良い気分）になることを欲しています。だから、誰でも人に与える何かを持っているのです。たとえ一文無しでも。

孤独な人は、笑顔で話しかけてくれる人に魅力を感じます。
自信を失っている人は、なぐさめの優しい言葉をかけてくれる人に魅力を感じます。
知識欲の旺盛な人は、その知識を与えてくれる人に魅力を感じます。
愚痴を言って気分転換をはかりたい人は、聴き上手な人に魅力を感じます。

笑顔や優しい言葉、人の話を真剣に聴く態度などは、その人の魅力を増す最大の要素だと私は思っています。しかもこれらは、財力や社会的地位、身体的特徴とは何の関係もありません。

だから、私たちは平等なんですね。魅力ある人になろうと思えば誰でもなれる。まあ、言うはやすし、行なうは難しなんですがね・・・。

所有か体験か——幸せになるお金の使い道（2021年6月28日）

家賃や光熱費、日々の食費でお金のほとんどを使ってしまうようなギリギリの生活をしている人は別として、余分なお金をどう使うかは、その人の価値観に左右されます。

大きく分けて、物への所有欲が強く、物品を買うことに使う人と、色々な体験に使う人がいます。お金の使い道によって、その時の幸福感に違いが出るのでしょうか？

高級ブランドの衣服やバッグ、高価な時計、カメラ、車などなど、現代は所有欲を満たす物品であふれています。新しいiPhoneが発売されると聞いて、前日から店頭に並ぶ人たちもいます。欲しかった物が手に入ったら、確かに嬉しく、幸福感に満たされるでしょう。

一方、物の所有にはあまり興味がなく、それを体験に使う人たちもいます。旅行や映画、コンサート、気の合った仲間との飲み会や趣味の会などにお金を使うケースです。

さて、どちらのお金の使い道が私たちを幸せに導くのでしょうか？

リチャード・ワイズマン著の「その科学が成功を決める」によると、心理学者のリーフ・バン・ボーウェンとトマス・ギロヴィッチは、その疑問に答えるある実験を行いました。

それによると、体験を買う人の方が品物を買う人よりも、短期的にも長期的にも人の気分を良くするという結果が出たのです。

それはなぜか？　ドストエフスキーが言ったように「人は何にでも慣れる動物である」ため、欲しかった物を所有した当時は喜びにあふれていても、やがてそれは当たり前の状態になってしまい、もっと良い物が欲しくなるという、不満足の連鎖に陥ってしまうからではないでしょうか。

一方、旅行、楽しい食事や会話などの体験は、とても貴重な思い出として心の中にいつまでも残るからでしょう。また体験は、他の人との共感という、幸福感を誘発する行動を伴う場合が多いからではないでしょうか。

遊びは進化の証し（2022年8月15日）

我が家には「ティーカップ」と呼ばれる最も小さなトイ・プードル（2歳の女の子）がいます。この犬は遊びが好きで、小さなボールを持ってきて「投げろ」と要求します。私が投げると、走ってくわえてまた持ってくる。その繰り返し。よく飽きないなあ、と思うのですが、これが彼女の大好きな遊びです。

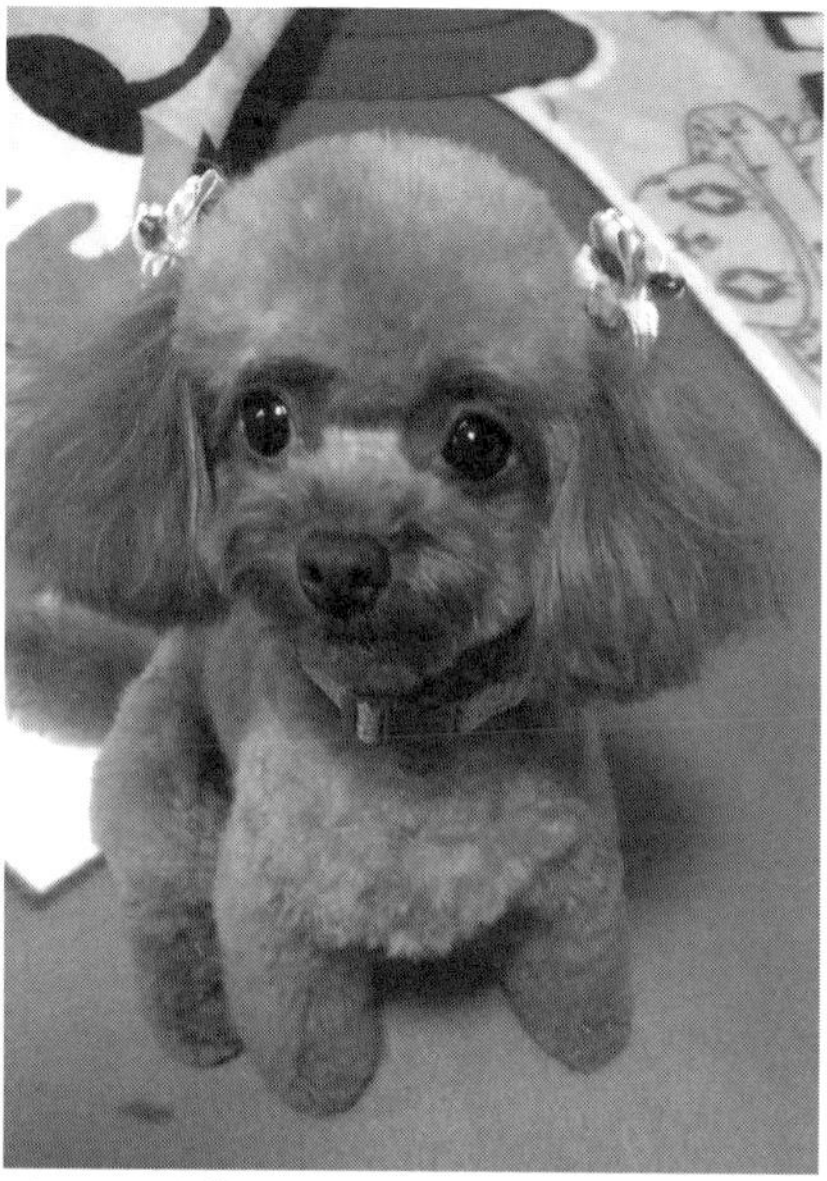
パール　２歳

他にもいくつか遊びがあります。ぬいぐるみをかんだり、じゃれたりして遊んでいます。以前我が家ではパピヨンという犬種の犬を2匹飼っていました。彼らとはよくサッカーをして遊んだものでした。また子供たちと一緒になって「かくれんぼ」で遊んだこともあります。

たぶん猫も、なにかにじゃれ付いたりする遊びをするのだと思います。そこで考えたのですが、他の動物たちも遊びをするのだろうかと。サルも木を飛び移ったりする遊びをするのかも知れませんが、それでは魚は？　亀やカエルは？　エビやカニは？　貝は？　昆虫は？　これらの生き物は遊ぶことがあるのでしょうか。生物全般に言える二つの本能があります。それは生存と生殖です。生きるために常に食料を求めます。また捕食者から逃げようとします。そして子孫を残すためにつがいの相手を求めるのです。ほとんどの生物は、この二つのことだけで一生を終えてしまうのではないでしょうか。そこに遊びが入る余地はないのではないかと思います。

翻って、進化の樹の頂点にいる私たち人間はどうでしょうか。人生の多くの時間が遊びに費やされているのではないでしょうか。

スポーツも運動系の遊びから発展したものですし、歌やダンス、楽器などの音楽も、その元は遊びでしょう。また室内で遊べるゲーム（将棋や囲碁、マージャン、トランプなど）もいろいろ人類は発明してきました。趣味の世界もそこに遊びの要素がなければ長続きしません。

このように考えますと、遊びは進化の証しであるし、遊びに多くの時間を費やせる人は幸せな人だと言えるのではないでしょうか。なぜなら世界には戦争や災害で避難生活を余儀なくされ、生きることに精一杯で、遊びどころではない人たちがいるのですから。

遊戯三昧（２０１３年10月6日）

遊戯三昧──「ゆげざんまい」と読みます。仏教語ですが、「一期一会」と並び私の好きな言葉です。意味は、迷いの心にとらわれず、没頭して楽しむ。「楽しいことをする」ということではなく、「することを楽しむ」。そんな意味です。

普通、仕事というと苦しいことが多い。つらいけど、「○○のために」自分を犠牲にしてがんばる。でも「遊び」は「○○のため」ということはない。それ自体が楽しいのです。

この心境はボランティア活動にも通じます。自分の生活は大変でつらい。でもあなたのために、自分を犠牲にしてがんばる──というのは本当のボランティア精神ではないと思うのです。本当のボランティア精神とは、その活動自体が、自分にとって「喜び」であり「生きがい」であり、没頭できる充実した時間である。そのようなプラスの精神ではないでしょうか──それは「遊び」の精神に通じるのだと思います。

池田啓介という写真家がいます。アフリカやアジアの貧民街の暮らしの写真展を開いているのですが、その暮らしについて私たちの予想に反し、彼はこう言っています──「ケニアでは一面のバラックに衝撃を受けたが、毎年、足を運ぶうちに見方が変わった。母親たちは井戸端会議でケラケラ笑い、子供たちはサッカーやゴム跳びに夢中になっている。言葉を交わせば、食事はどう、と家に招かれる」と。

う〜ん、何か救われる気がしますね。文明化された私たちの生活からは想像もできないほど過酷な暮らしの中にも、遊びや笑いがあるとは。

そういえば東日本大震災の時、被災者たちの仮設住宅での暮らしの中でも、子供たちが遊びに興じていた映像がありました。

どんな状況でも遊び心を忘れない――幸せな人というのは、そういう人を言うのでしょうね。これから私の座右の銘にしようかな――「遊戯三昧」。

再び遊戯三昧（２０１４年11月16日）

「遊戯三昧」――ゆげざんまい、と読みます。仏教用語ですが、私はこの言葉を座右の銘にしようと思っています。

遊戯三昧とは、どういう意味でしょうか？

まず、三昧とは楽しいことに浸りきっている状態を言います。例えばゴルフの好きな人が、毎日のようにゴルフを楽しんでいるとしたら、それをゴルフ三昧などと言います。

温泉の好きな人が毎日温泉巡りを楽しんでいれば、温泉三昧ですね。

次に「遊び」とは、楽しんで心ウキウキした状態を言います。イヤイヤながら苦しんで遊ぶ、などとは言いません。そんな状態は遊びとは言えないからです。

さて、仕事と遊びを対比して考える人がいます。ある前提に立てば、それは間違いではありません。つまり、遊びは楽しい、仕事は苦しい、という前提です。

実際、苦しみながら仕事をしている人はたくさんいます。職場での人間関係や仕事自体の難しさ、体への過度な負担、ストレスがたまり、辞めたいけれど生活のために辞められない——こんな人はいっぱいいます。

でも、少数ではあるけれど、仕事が楽しくてしょうがない、という人も実際いるのです。仕事がやりがいや生きがいになっている。つまり、仕事が遊戯三昧になっているわけですね。

仕事というのは人生の中で多くの時間を占めているし、また重要なポジションにもなっています。だから、それが楽しいという遊びの心境にあるならば、それは理想的な生き方だし、幸せな人と言えるのではないでしょうか。

まあそこまでいかなくても、自分なりに楽しい事を見つけていきましょう。趣味というのは楽しい時間です。私の知る限り、多趣味な人というのは行動的な人のようです。

楽しい事を見つけ、とにかく少し動いてみる——人生を豊かに充実したものにするコツは、こんな所にあるのではないでしょうか。

初心忘れるべからず（2011年1月30日）

今あなたは、ある業界で会社を立ち上げようとしています。従業員も何人か雇って、起業しようとしている社長さんだと想像してみて下さい。さてここで、いったい何が一番大切だとお考えでしょうか？　もちろん、起業資金やある程度の運転資金は必要ですが、それ以外で一番大切なのは何？　財務能力？――会社の損益計算書や貸借対照表をみてもチンプンカンプンでは困りますよね。それとも先見性？――この世の中、どういう方向へ向かって行くのか、お客様のニーズはどう変化するのか、それをあるていど把握できないのでは、心もとないですよね。

他に法律の知識？――会社を経営するのですから、商法や税法もある程度は知らなくちゃね。それからマネージメント力？――従業員も雇うのですから、管理する技術も知らなければ。

また、彼らを動かすリーダーシップも大切ですよね。もちろんこれらはみな大切な知識や能力です。でも、最も大切なのは何でしょうか？

私は、それは「経営理念」だと思っています。いわば哲学ですね。「いかに」会社を経営するか？――はもちろん大切ですが、それよりも「なぜ」起業するのか？「何のために」会社を経営するのか？――つまりHOWではなく。WHYやWHATが大切なのではないでしょうか。

それを別の言葉で「初心」と言います。起業したての頃は必死だったはずです。雨や雪の日でも、我が店に買いに来てくれたお客様に、涙がでるほど感謝の気持ちでいっぱいになったはずです。それが、会社が順調に大きくなると、ついついこの感謝の気持ちを忘れちゃうんですね。だから「初心忘れるべからず」という言葉があるのです。

現在、皆が知っている大企業も、昔はみな小さかったのです。家電メーカーのパナソニックも、創業者の松下幸之助がわずか3人で始めた町工場でした。今はイオングループに属している総合スーパーのニチイも、最初はわずか2坪の下着屋でした。これらの会社が大きくなれたのも、創業者の初心が忘れることなく、その後の経営者に受け継がれ、従業員にも徹底できた結果ではないかと私は思っています。

私も現在の気功の仕事を始めた時の初心があります。これからも、この初心を忘れず頑張っていこうと思います。

カダフィ大佐の死（2011年10月27日）

リビアのカダフィ大佐が殺害された。誰が殺したのか、その時の詳しい状況はまだ謎に包まれているが、印象に残っているのは、民衆が歓喜し、喜びを爆発させている姿である。

似たような光景はどこかで見たと思っていたが、そう、6カ月ほど前に起こったビンラディン殺害の時のアメリカ国民の反応と同じだ。あの時も、人々は祝杯をあげて大騒ぎをしていた。

政治的独裁者の末路というのは、だいたいこのような傾向にあるのだと思う。イラクのフセインもそうだった。彼の銅像は踏み倒され、民衆によって破壊された。ルーマニアのチャウシェスクもそうだった。民衆によって捕えられ、妻とともに公開処刑されてしまった。本当に「あわれ」な最期である。

それにしても、ある一人の人物の死が、それほどまでに多くの人に喜びをもたらすとは。ということは、その人物が生きていること自体が、多くの人々に苦しみを与えていたわけで、その人物の人生の価値って、いったい何なのだろうと思ってしまう。

歴史をひも解くと、同じ政治的指導者であっても、このような状況とは全く正反対の結果を生みだした人もいる。今から40年も前のことだが、エジプトのナセル大統領の葬儀には、100万人とも200万人ともいわれる民衆がくり出し、その死を嘆き悲しんだという。

中国では周恩来がそうだった。ナセルの時のように、多くの人々が泣いて別れを惜しんだ。周首相の人柄がそうさせたのであろう。

ある人物の死が、多くの人に喜びをもたらす場合がある一方で、多大な悲しみを与えてしまうこともある。その差はいったい何なのだろう。それはまさに、その人が生前、何をしたかにつきるのだ。ある人物の死に様は、その人の生き様を反映しているのである。

「あわれ」な最期を迎えた独裁者は、生前、権力を振りかざし、地位と名誉と莫大な財産を手に入れ、贅沢な暮しをしてきたかもしれないが、幸せな人生だったとは、私にはとても思えない。なぜなら、多くの人を苦しめてきたのだから。

反対に、多くの民衆からその死を惜しまれた指導者は、生前、いろいろ大変な苦労があったとは思うが、その人生は幸せだったに違いない。なぜなら、多くの人に愛と感謝と喜びを与えてきたのだから。

海外旅行の醍醐味（２０１２年６月10日）

海外旅行の醍醐味とは何だろうか――それは、日本では見ることのできない光景を目にしたり、日本では味わえない体験をしたり、日本では思いもつかないような発見をしたりすることだと私は思っています。

さて今回、５月27日～６月４日の９日間、私はドイツのミュンヘンとオーストリアのザルツブルグを拠点に、その周辺の観光地を旅してきましたが、海外旅行の醍醐味を２度ほど味わいましたので、ここにご報告いたします。

その①――ザルツブルグ近郊にサウンド・オブ・ミュージックの舞台となったザルツカンマーグートという湖水地方があるのですが、その一つの世界遺産の町、ハルシュタットを訪ねた時のこと。この町は絵葉書から抜け出たようなきれいな所ですが、ここにバインハウスという納骨堂があるのです。

う～ん、ここは必見の場所ですね。８畳ぐらいの部屋の３方に、人間の大腿骨と思われる骨が１メートルほど積み上げられているのです。その上に、頭蓋骨が何百と並べられている。しかもその

納骨堂の内部。約８畳の広さの３方が人骨で埋めつくされている

頭蓋骨には、生前の名前と生没年、バラや十字架の絵柄がきれいにペイントされているのです。

ハルシュタットは土地が狭かったため、埋葬（土葬）された遺体は、10～20年たったら掘りかえされ、きれいに装飾されて納骨堂に納められる、という風習があったそうなのです。

火葬が当たり前の日本では考えられない光景ですが、これらの骨は、手を伸ばせば簡単に触れる所に整然と並べられているせいか「おどろおどろしさ」が全くないのです。

その場にたたずんでいると、何か不思議な感覚に包まれるのでした。

その②――同じくザルツカンマーグートの

その一部のアップで、髑髏にそれぞれの名前や生年月日などが記されている

ザンクト・ヴォルフガングという町での出来事。

私が通りに面したカフェで休んでいると、何やら後ろの方がワーワーと騒々しい。振り返って見ると、15人ほどのメンバー（男は3人位）がプラカードを持って歩いている。

この町は小さいので、それほど車は通らないが、車道に出て、来る車にプラカードを掲げて止める。それを無視して走り去る車もあるけれど、なかには車を止めて運転手が出てくることがある。

そしてなんと、この運転手はプラカードの人たちとハグしはじめたではないか。するとワーワーと歓声があがる。あたりが拍手と笑顔と異様な興奮に包まれるのです。

プラカードはドイツ語ですが、たぶん「私

私が写真を撮っているとプラカードグループのリーダーの男性と目が合った。彼が近づいて来てハグ。

とハグしていただけませんか？」というような事が書かれているのではないだろうか。そして町行く人に次々と声をかけていく。オーケーだと抱き合う。

日本ではちょっとあり得ない光景なので、珍しいと思い写真を撮っていると、その中の男の人が私に近づいて来たのです。そして何やら声をかけてきた。私がオーケーと言うと、さっそく彼とハグ。その後、何人もの女性が来て、彼女たちと次々に抱き合ったのです。

まわりから拍手と歓声が起こり、みな笑顔になる。そして不思議なことに、ジワジワと幸せ感がこみ上げてきたのです。

う〜ん、幸せって何だろう。それは理屈ではなく、ちょっとした行為や言葉や笑顔による心地良い気分なのだ。

私たちは、親愛の情を持っている人たちと握手をしたり抱き合ったりする。日本人はシャイだから、これらの行為を大っぴらにはやらないけれど、この感情は人種や国境をこえた人類共通のものなのだ。

楽しいから笑う、という言い方もできるが、逆もまた真で、笑うから楽しい、ということも言えるのではないか。握手したり抱き合ったりすることで、それにふさわしい感情が呼び覚まされ、幸せ感が生まれた、ということなのだと思う。

彼らの目的は何だろうか。何かの宗教団体のメンバーか？　それとも世界平和を願うボランティアグループだろうか？　もちろん私は、このような事で世界平和が実現できるなどという甘い考えは持っていない。しかし、平和への何らかの糸口になるのではないか、そんな気がしてきたのです。

とにかく私は、このプラカードグループの活動に敬意を表したいと思います。なぜなら、ほんのちょっとした行為で、お互い幸せな気分を味わうことができたのですから。

人生を楽しみましょう（２０１２年５月22日）

人生は楽しむべきだと私は思っています。なぜなら、人生には苦しみや悲しみが多いので、積極的に楽しみを見つけないとバランスがとれなくなるからです。

仏教には「四苦八苦」という概念があり、「四苦」は「生老病死」を表しています。つまりこれは、生きている以上避けられない苦しみであり、人生の根本は苦しみや悲しみであると言っているわけです。

私自身について言いますと、私はわりと順調に人生を歩んできたし、比較的幸せだったと思っています。そんな私でも、自分の人生を振り返った時、喜びや楽しみの時間よりも、苦しみや悲しみ、孤独や怒りといった時間の方が多かったと実感するのです。

そしてこれらのイヤな時間は、突然向こうからやってくる場合が多いのです。それはそうでしょう。自分から苦しみや悲しみを求めることはないのですから。地震や津波などの災害、火事や交通事故、なんらかの事件、人間関係のイザコザなど・・・。

それに比べて喜びや楽しみは、自分から何らかのアクションを起こさないと実現しないものなのです。だから積極的に楽しみを見つけていきましょう。あなたにとって楽しい時間は何ですか？一人静かに読書や音楽を楽しんでいる時？　あるいは気の合った仲間たちとワイワイガヤガヤやっている時？　自分の趣味に没頭している時？　楽しみは人それぞれですが、自分から動かなければなりません。行動力が大事なのです。

私が大学生の時、「人間最後の言葉」という本を読んだことがあります。世界の有名人が死に際して言った最後の言葉を集めたものですが、中には自分の人生訓のようなものを残したものもありました。自分の人生の総まとめとして後世に伝えたかったのでしょう。

大学時代のクラスの担任の先生が言った言葉は今でも鮮明に覚えています。臨終の言葉に関し、彼はこう宣言したのです。「私は次のように言って死のうと思っている」――「ああ、楽しかった！」と。

第3章

般若心経解釈

般若心経の本質

般若心経は通称で、正式名は「仏説魔訶般若波羅蜜多心経」というのですが、これほど日本人に親しまれているお経はないでしょう。２６２文字という覚えやすい長さもさることながら、その深遠で謎めいた内容（哲学）が私たちの心をとらえてしまうのではないでしょうか。

「色即是空」という言葉は、このお経を知らなくても聞いたことのある人は多いでしょう。「色不異空　空不異色　色即是空　空即是色」（しきふーいーくー　くーふーいーしき　しきそくぜーくー　くーそくぜーしき）という韻を含んだフレーズは、聴く者の耳に心地よく響きます。

般若心経の本質は「空の哲学」と言われています。それでは「空」とは何か？　それは明らかに「無」とは違います。なぜならこのお経では「無」が21回も出てくるからです。これで「空」と「無」は似ているようですが、明らかに違うことがわかります。

さて、般若心経は観音様が釈迦の弟子の舎利子に向かって、「物質も精神もすべてが空だと悟ったので、一切の苦厄から解放された」と教えている内容で、そのすぐ後に先ほどの「色不異空　空不異色　色即是空　空即是色」のフレーズが出てくるわけです。だからここがこのお経のポイントだと私は思っています。

つまり空がわかれば、一切の苦しみから解放されるのですが、空自体があまりにも深遠であるため、空にはさまざまな解釈が成り立つのです。

本書ではさまざまな空の解釈を載せましたが、その解釈によって一切の苦悩から解放されるという点を考えれば、一番最後のスピリチュアル的解釈が個人的にはピッタリくると思うのですが、判断は皆様方にお任せしたいと思っています。

スピリチュアル的解釈は輪廻転生を前提としていますので、死後の魂の存在を否定する人にとっては抵抗があると思いますが、仏教発祥のインドでは、輪廻転生は常識として多くの人に受け入れられている思想なのです。

仏説《ぶっせつ》摩訶《まか》般若《はんにゃ》波羅蜜多《はらみった》心経《しんぎょう》

唐三蔵法師玄奘訳《とうさんぞうほうしげんじょうやく》

観自在《かんじざい》菩薩《ぼさつ》。行深《ぎょうじん》般若《はんにゃ》波羅蜜多《はらみった》時《じ》。照見《しょうけん》五蘊《ごうん》皆空《かいくう》。度《ど》一切《いっさい》苦厄《くやく》。舎利子《しゃりし》。色不異空《しきふいくう》。空不《くうふ》異色《いしき》。色即是空《しきそくぜくう》。空即是色《くうそくぜしき》。受想行識《じゅそうぎょうしき》。亦復《やくぶ》如是《にょぜ》。舎利子《しゃりし》。是《ぜ》諸法《しょほう》空相《くうそう》。不生不滅《ふしょうふめつ》。不垢《ふく》不浄《ふじょう》。不増不減《ふぞうふげん》。是故《ぜこ》空中《くうちゅう》無色《むしき》。無受想行識《むじゅそうぎょうしき》。無眼耳鼻舌身意《むげんにびぜっしんい》。無色声香味触法《むしきしょうこうみそくほう》。無眼界《むげんかい》。

乃《ない》至《し》無《む》意《い》識《しき》界《かい》。無《む》無《む》明《みよう》。亦《やく》無《む》無《む》明《みよう》尽《じん》。乃《ない》至《し》無《む》老《ろう》死《し》。亦《やく》無《む》老《ろう》死《し》尽《じん》。無《む》苦《く》集《しゆう》滅《めつ》道《どう》。無《む》智《ち》亦《やく》無《む》得《とく》。以《い》無《む》所《しよ》得《とく》故《こ》。菩《ぼ》提《だい》薩《さつ》埵《た》。依《え》般《はん》若《にや》波《は》羅《ら》蜜《みっ》多《た》故《こ》。心《しん》無《む》罣《けい》礙《げ》。無《む》罣《けい》礙《げ》故《こ》。無《む》有《う》恐《く》怖《ふ》。遠《おん》離《り》一《いっ》切《さい》顛《てん》倒《どう》夢《む》想《そう》。究《く》竟《きよう》涅《ね》槃《はん》。三《さん》世《ぜ》諸《しよ》仏《ぶつ》。依《え》般《はん》若《にや》波《は》羅《ら》蜜《みっ》多《た》故《こ》。得《とく》阿《あ》耨《のく》多《た》羅《ら》三《さん》藐《みやく》三《さん》菩《ぼ》提《だい》。故《こ》知《ち》般《はん》若《にや》波《は》羅《ら》蜜《みっ》多《た》。是《ぜ》大《だい》神《じん》呪《しゆ》。是《ぜ》大《だい》明《みよう》呪《しゆ》。是《ぜ》無《む》上《じよう》呪《しゆ》。是《ぜ》無《む》等《とう》等《どう》呪《しゆ》。能《のう》除《じよ》一《いっ》切《さい》苦《く》。真《しん》実《じつ》不《ふ》虚《こ》。故《こ》説《せつ》般《はん》若《にや》波《は》羅《ら》蜜《みっ》多《た》呪《しゆ》。即《そく》説《せつ》呪《しゆ》日《わっ》。羯《ぎや》諦《てい》。羯《ぎや》諦《てい》。波《は》羅《ら》羯《ぎや》諦《てい》。波《は》羅《ら》僧《そう》羯《ぎや》諦《てい》。菩《ぼう》提《じ》薩《そ》婆《わ》訶《か》。般《はん》若《にや》心《しん》経《ぎよう》。

ひろさちや「入門　般若心経の読み方」より引用。

〈般若心経現代語訳〉

釈迦牟尼仏《しゃかむにぶつ》が説きたまえる
　すばらしい般若波羅蜜多《はんにゃはらみった》の精髄を示したお経

観世音菩薩《かんぜおんぼさつ》——（別名、観自在《かんじざい》菩薩。つまり、観音《かんのん》さま）——が、その昔、深《じん》・般若波羅蜜多を実践された時、物質も精神も、すべてが空であることを照見されて、一切の苦厄を克服された。

舎利弗《しゃりほつ》——（あるいは舎利子《しゃりし》。サーリプッタ）——よ、あらゆる物質的存在は空にほかならず、空がそのまま物質的存在にほかならない。物質的存在がすなわち空、空がすなわち物質的存在なのだ。知ったり、感じたり、判断したり、意欲したりするわれわれの精神作用も、これまた同じく空である。

舎利弗よ、すべての存在が空である——すべての存在に実体がない——ところから、生滅もなく、浄不浄もなく、また増減もない。したがって、実体がないのだから、物質的存在も精神作用もなく、感覚器官もなければ、対象世界もない。そして、感覚器官とその対象との接触によって生じる認識だってない。人間の根源的な無智迷妄がなく、また無智迷妄が消滅するわけでもない。そして、老死という苦しみもなく、老死という苦しみが消滅するわけでもない。仏教で説かれてきた「四つの真理」もなく、智もなければ得もない。もともと得るということがないからである。

菩薩（求道者）たちは、般若波羅蜜多を実践しているので、その心はなにものにも執着せず、またわだかまりがない。わだかまりがないから、恐怖もないし、事物をさかさまに捉えることもなく、妄想に悩まされることもなく、心は徹底して平安である。過去・現在・未来の三世にまします諸仏たちも、般若波羅蜜多を実践されて、この上ない正しい完全な悟りを得られたのだ。

だから、このように言うことができよう。般若波羅蜜多というのは、すばらしい霊力のあることば、すなわち真言であり、すぐれた真言、無上の真言、無比の真言である、と。それはあらゆる苦しみを消滅させてくれる。じつに真実にして虚ならざるものである。そこで、般若波羅蜜多の真言を説く。すなわち、これが真言である——。

往き、往きて、彼岸に達せる者よ。まったき彼岸に達せる者よ。悟りあれ、幸《さち》あれ。

ひろさちや「入門　般若心経の読み方」より引用。

般若心経解説

〈色不異空　空不異色　色即是空　空即是色〉
色・・・目に見えるもの、物質、肉体、現実的現象
空・・・目に見えないもの、波動、魂、エネルギー、幻想、本質

量子論による基本的な物理学的解釈

原子とか電子といったミクロの世界を探求する物理学を量子論と言います。

あらゆる物質は原子や電子の集合体ですが、量子論によればすべての物質は粒子と波の相反する二つを併せ持っていると言います。波はエネルギーと置き換えてもいいでしょう。

有名なアインシュタインの数式　E＝MC2は、物質（M）はエネルギー（E）に変わることを示

しています。この場合、物質は色、エネルギーは空と解釈できるでしょう。この空（E）と色（M）はイコール（=）で結ばれているわけですから、「色即是空」ということになるのです。

物質が粒子（色）と波（空）の両方の性質を持っていることは、電子の二重スリット通過実験で明らかになっています。電子という素粒子自体が粒子でもあり波でもあるのです。この実験を詳しく言いますと、つい立てに二つの穴（二重スリット）をあけ、電子銃で電子を一発ずつ発射します。電子は穴を通過して、つい立ての向こうの壁に電子が当たった痕跡を残すのですが、最初は一発一発の痕跡しか残りません。ところが何千発、何万発と電子を打っていくと、壁に電子が当たった痕跡が縞模様となって現れてくるのです。これを干渉縞と言って、二つの電子が同時に波のようにぶつかり合うことでできる縞模様なのです。

これは不思議なことに、一発の電子が同時に二つの穴を通過したことを意味するのです。電子を粒子と考えると、このようなことは不可能です。つまりこの場合は、電子は波のように広がった状態と考えなければ説明がつかないのです。電子は粒子（M）でもあり、また波（E）でもあるわけです。

そしてここが重要ですが、観測する（つまり見る）と、電子は粒子としてしか見えないのです。不思議なことに波の状態の電子を見ることはできないのです。

ここからひとつの仮説が生まれます。あらゆる存在は私たちが見るという行為によって存在しているのではないか、と。有名な命題があります。「月は私たちが見るから存在している」というのです。この考えに猛烈に反対したのがアインシュタインでした。

「そんなバカな事があるか。月は私たちが見ていようと、見ていまいと存在しているのだ」と。まあ、これが常識的な意見ですが、量子論を突き詰めると、見るという観測行為によって存在が決まるという、実に奇妙なことになってしまうのです。

これを色と空の関係に当てはめると、色（物質）は絶対的な実体性はなく、見る側の主観に左右されてしまうもの、つまり空であり、色即是空ということになるのではないでしょうか。

観音様は色は空であると悟ったので、あらゆる苦厄から解放されたわけですが、どうしてそう言えるのか、上記の基本的解釈を発展させ、色々な解釈ができることを考えてみましょう。

先入観排除解釈①　観念の問題

量子論によると、あらゆる事象（色）は絶対的な存在ではなく、受ける側の主観によって変化する（空）ということになります。

仏教哲学者のひろさちやは「尿瓶で酒が飲めますか？」と問うてきます。もちろん、尿瓶はキレイに洗ってあります。

しかしその目的を知っている人にとっては、どうしてもキタナイという観念（先入観）があるため、抵抗があるのではないでしょうか。つまり尿瓶は絶対的なものではなく、その目的を知っているかどうかで変化してしまうのです。

先入観やイメージによって感情が左右されてしまう例は他にもたくさんあります。

たとえば黒人と聞いただけで、「野蛮、怖い」というマイナスのイメージを持つ人がいます。これはたぶん、色に対するバイアスの影響だと私は思っています。

色の持つイメージがあります。赤は情熱的で熱い、青は清浄で涼しい、などです。それでは白と黒の比較ではどうでしょうか。神様や天使のイラストは、たいてい白いローブや白い布製のものをまとっています。一方、悪魔のイラストは黒く描かれるのではないでしょうか。「腹黒い」という言葉もあるように、黒という色のイメージはあまり良くないようです。黒人に対する偏見も、この色のイメージに対する先入観が影響しているのではないでしょうか。

デマやニセ情報、風評なども、このようなバイアスという背景があると生まれやすいものです。

現実に起こる様々な現象や情報（色）は絶対的なものではなく、それを受け取る側の主観によって変わってしまうもの（空）であると認識できれば、良い人間関係を築くことができるのです。

【ブログ】

安倍元首相銃撃事件の背景――真実を曇らせるバイアス（2022年7月16日）

先日、安倍元首相が銃撃され死亡した事件は世間に大きな衝撃を与えました。当初、犯人の動機は政治的な信条なのかと思いましたが、どうもそうではないようです。

世界平和統一家庭連合（旧統一教会）という宗教団体に入信した母親が、1億円もの献金をして家庭生活がメチャメチャになったことに対する教団への恨みだというのです。

この宗教団体は霊感商法などで以前から問題のあった教団で、集団結婚式とか自由恋愛禁止など、世間の常識とは相いれない教義をもっています。

さて、なぜ犯人の教団への恨みが安倍元首相に向かったのか??

私はそこに真実を見極める目を曇らせるバイアスがあったと思っています。この思い込みは誰でもあるもので、それにより私たちは真実になかなか行きつけないのです。この教団に関連する団体の集会にビデオメッセージを送ったという理由で、安倍元首相がこの教団の強力な後ろ盾だと、どうして思うのでしょうか?

政治家というのは選挙によって選ばれる存在です。当選しなければ、ただの人になってしまう。

だから、明らかに反社会的な団体でない限り、票獲得のために関係をもとうとするものなのです。

ただ皮肉にも、この教団への恨みを晴らすという彼の目的は、この襲撃事件によって達せられたのかも知れません。元首相殺害という大変大きなショックを世間に与えることで、その動機となった教団名を世間に知らしめ、教団に非難の目が向くようになったからです。この事件は教団にとって大きなダメージになったことは間違いないでしょう。

もちろんこんな蛮行はけっして許されるものではありません。


さて、私がこの事件で興味を持ったのは、背景にある人々の心理的バイアスのことです。犯人の動機だけではありません。

旧統一教会の信者が、ツボや数珠、聖本などを世間の常識とはかけ離れた高額な値段で買ったり、土地や生命保険を解約してまで（破産してまで）教団に献金したり、結婚や恋愛が自分の意思でできないことなどに、どうして疑問を持たずに従ってしまうのか、ということです。

洗脳という言葉がありますが、これはまさに洗脳状態であり、ある一つの信条や考えを絶対的に正しいものとしてしまう心理です。そしてそこに自分の人生の拠り所を求めてしまうのでしょう。不安を解消するために、ある人（教祖など）に依存し、自分の人生を預けてしまったわけです。

このような事例は宗教に限りません。政治的なイデオロギーにも言えることです。右にしろ左にしろ、過激な思想の持ち主にはこのような傾向があると私は思っています。

世の中の陰謀論といったものも、このたぐいです。たとえばアメリカのトランプ前大統領を熱烈に支持する一部の人たちは、この世界は闇の政府に支配されており、トランプはそれと闘っている英雄だという認識のもと、この前の大統領選挙は仕組まれた不正があったとして、国会議事堂を占拠する暴挙に出たわけです。

また、昨今の新型コロナウイルスに関しても、この世界はロックフェラー財団とかロスチャイルド家という強大な勢力によって支配されており、人口削減を目的に、ワクチンの毒を人々に接種させる陰謀だという主張がネット上では飛び交っているわけです。だから、この真実を報道しないテレビや新聞は、闇の世界に支配されているわけで、フェイクばかりだと。う〜ん、そうですか、知らなかった。

数年前、北朝鮮の金正恩が死んだという話がネット上で拡散されました。けっこう有名なジャーナリストがＹｏｕＴｕｂｅで死んだと断言していましたので、信じた人も多くいたでしょう。それでは現在の金正恩は影武者なのでしょうか。

またアメリカが初めて人類を月に送り込んだ時、アームストロング船長が月面を歩く姿は、実はスタジオで撮影されたものだと主張する人たちもいます。国の威信を保つため、アメリカ政府が仕組んだ陰謀だと言うのです。

これらの意見、主張は正しいのでしょうか。現代は世界のほとんどの国において、ほとんどの国民がスマホを持っています。スマホは自分の意見や考え、情報を自由に発信できますし、また誰もがそれを見ることができます。つまり情報の洪水が起きているわけで、何が真実で何がフェイクなのか分からない状態になっているのではないでしょうか。だからひとつの主義主張の真偽を判断するためには、それと反対の意見に耳を傾けなくてはならないのです。

ネットなどで同じサイトだけを見ていたら、同じような意見だけにさらされてしまいます。一方だけの主張を聞いていれば、それが正しいものと受け取ってしまいます。

ウクライナに軍事侵攻したロシアが、政府の考えを正当化するために、批判的なメディアを排除するのはこのためです。

一方だけの主張を聞いていたら真実が見えなくなるのです。それが正しいものと盲目的に信じ込んでしまう――これが洗脳の状態なのです。洗脳されないためには、物事を常に反対方向からも見る――このような客観性が必要なのではないでしょうか。

仏教開祖の釈迦は「私の教えを盲目的に信じてはいけない」と言っていたそうです。自分の頭でよく考え、納得したら信じなさい、というのです。

ファクトフルネス——デマや風評への対処（2020年7月26日）

大災害や大変悲惨な事故や事件があった時、デマや風評が起こりやすいものです。約9年前の東日本大震災の際には、福島県で原発事故が発生しました。その後、福島県の人たちは多くの風評被害に苦しみました。

福島県はとても広い県なのに、「福島県産」というだけで、農産物や海産物が放射能汚染されているという風評が立ったからです。行政による検査で安全が確認されていたにもかかわらず、です。データによる客観的な事実よりも、「なんとなくイヤなのよね」という感情、感覚的なものが優先されたからなのでしょう。

14世紀にヨーロッパで大流行したペストでは、人口の3分の1が亡くなるという悲惨な結果をもたらしましたが、この中にはデマが元で殺された多くのユダヤ人も含まれています。ユダヤ人が井戸に毒を入れたというデマです。

このようなデマが起こる背景には、ユダヤ人はペストで死ぬ人が少なかったという事実があるのです。実は、ペストはペスト菌という細菌をネズミが媒介する感染症なのですが、当時のユダヤ人地区の人たちは猫を多く飼っていたのです。

現代社会は過去の歴史では経験したことのない新しい時代に突入しています。その典型的な例がスマホの普及による情報過多の状態です。誰もが簡単に情報発信できまた共有できるため、情報があふれているのです。こうなると必然的にニセ情報も多くなり、詐欺が横行し、何が真実か判断に苦労する事態になっているわけです。何が真実で何がフェイクなのか分からなくなっているのです。

２０１６年のアメリカ大統領選挙では、ドナルド・トランプを勝たせるために、ロシアがヒラリー・クリントンのイメージダウンを目的に、ニセ情報を拡散させたと言われています。これが真実かどうかは分かりませんが、真実だとしたら、民主主義社会を根底からゆるがす大変な暴挙です。

私たちはニセ情報に振り回されることなく、真実を見る目を養わなくてはなりません。

このようなデマや風評に対処するにはファクトフルネスがとても大切だと私は思っています。ファクトフルネスとは、感覚や感情に左右されず、思い込みや先入観を排し、データを重視して事実を客観的に見る世界観・習慣のことです。

昨今の新型コロナウイルスの渦中では、ある風評によってトイレットペーパーが店頭からなくなるという騒動が起きました。

また東京の感染者が急増しているという理由で、東京から来た人を避ける風潮もあります。「自粛警察」や「マスク警察」と言われる人たちが歪んだ正義を振りかざしたりしています。

これらの行動は差別や分断という悪感情を生み出すのです。このような混乱状況の中では、よりファクトフルネスが大切なのではないでしょうか。

先入観排除解釈②　感覚の問題

私たちは外部の情報（色）を目（視覚）、耳（聴覚）、鼻（嗅覚）、舌（味覚）、肌（触覚）等によって得ています。しかしこれらの感覚は人によって違うし、まして他の動物まで範囲を広げると全く違ったものになるのです。

たとえば犬の嗅覚は人の1000倍〜1億倍と言われています。だから警察犬や麻薬探知犬として活躍できるわけです。

犬にとってあるニオイを感知できるということは、そこにそのニオイを発する素があるということです。しかしそれを感じない人間にとっては、そのニオイの素は「ない」のと同じことになります。

つまり、その情報源は絶対ではなく、常に変化するものなのです。このような例をあげたら枚挙に暇がありません。

私たちは自分が感じたものを絶対的に正しいと思い込む傾向があります。そして、自分とは違う感覚を持つ人を、間違ったものとして攻撃するのです。ゆがんだ正義を振りかざし、容赦なく他者を誹謗中傷し、そこから差別や排除の論理が生まれるのです。このような人間関係の軋轢は、色即是空（色は空）という認識を持つことで解消していけるのではないでしょうか。

【ブログ】
「自粛警察」「マスク警察」に告ぐ
――相手の立場に立つ大切さ（２０２０年６月28日）

円満な人間関係を築くコツとして最も大切なものは何でしょうか――古今東西よく言われていることは、「相手の立場に立つ」と言うことです。皆が相手の立場で物事を考えるようになれば、おそらく世の中の争い事は、ほとんどなくなるのではないでしょうか。

しかしこれがなかなか難しいのです。なぜか？それは想像力を必要とするからです。

昨今の新型コロナウイルスに関し、外出自粛やマスク着用という社会の要請に反する行動をする人に対して、「自粛警察」とか「マスク警察」と呼ばれる人たちがいます。彼らはこの社会の要請を盾にして、自主的に警察気取りで、それに反する人を注意して歩くのです。また県をまたいでの外出自粛が要請されていた頃、他県ナンバーの車を故意に傷つけるような輩も出てきました。

私はこの○○警察と言われる人たちに言いたいのです。彼らは正義に基づいた行動をしていると思っているでしょうが、実は正義というのは危ういのです。歴史上どんな戦争もみな正義の御旗を掲げて戦ってきたからです。６００万人ものユダヤ人を殺害したヒトラーでさえ、アーリア人の高貴な血統をユダヤ人の汚れた血から守るためという正義を振りかざしていたではないですか。

また、このように正義を振りかざす人の特徴は、相手の立場に立つという想像力が欠如しているのではないかと私は思っているのです。

人混みでマスクをつけていない人をマスク警察は一方的に注意しますが、なぜマスクをつけていないのか、考えたことがあるのでしょうか。熱中症の予防のためかもしれないし、マスク皮膚炎や感覚過敏症で10分以上マスクをつけていられないのかもしれません。

営業自粛要請の中でも営業を続けるパチンコ店に対し、自粛警察はパチンコ店にいやがらせの電話をしたり、入り口に立って営業妨害まがいの行為をしたりしますが、パチンコ店側の立場に立って考えたことがあるのでしょうか。

休業したとしても、店舗面積が広いための高い家賃や何百台もあるパチンコの機械のリース料は払い続けなければなりません。あなたが倒産の危機にあえいでいる社長だったら、この状況にどう対処するでしょうか。この苦しい胸の内を想像したことがあるのでしょうか。

物事には両面あるのです。自分の立場だけでなく、相手の立場で考えることも大切なのです。それが余計なトラブルを防ぎ、真の解決策に導くコツなのではないでしょうか。

最後に、詩人の相田みつをの「片面だけ見て」という文章を紹介して、このブログの最後にしたいと思います。

（片面だけ見て）

「最近の寺は、やれ拝観料だの入園料だのといって、万事かねかねで、すっかり観光ずれしちゃいましたねえ」

ある時、お茶のみ話のついでに武井老師に話しかけました。すると老師に、

「相田君な、君はここへきて中途半端に正法眼蔵など読んだから、自分だけの立場で、軽々しく観光寺なんてことをいうけれど、自分が責任者として、その寺のどまん中に坐ったとしたらどうするか？と、その立場に立って物を言わなければいけない。

自分は少しも手を汚さないで、外側から無責任な批判だけしてはいけない。きれいごとだけでは、あの大きな寺の瓦一枚変えることができない。

何もかもちゃんとわかっていてもね、時には濁らなければならぬこともあるんだよ。物の片面だけ見てね、無責任な事を言うもんじゃない。」ときびしく叱られました。

先入観排除解釈③　主体性の問題

私たちは、あらゆる物（色）は空であるのに、その本質を見ないで、ある観念（イメージやレッテル）で見てしまう傾向があります。これは自由自在で主体的なものの見方を妨げてしまうのです。

ゴッホの絵は、彼の存命中は全く評価されず、その絵の価値も低いままでした。ところが死後にその評価はグンと上がり、今では億という単位でないと買うことはできません。同じ絵なのに、です。

ある所蔵家が本物と信じて大切にしていた絵を鑑定に出したところ、偽物とわかったらどうするでしょうか。扱い方が今までとは全く違ってしまうのではないでしょうか。同じ絵なのに、です。

つまり世間の目や他人の評価で見方が変わるということは、他人に依存しているのであり、自由で主体的な見方ができなくなっているということなのです。世間の評価がどう変わろうと、その絵が好きで、眺めて楽しんでいるならば、心が乱されることはないのです。

人生は自分の思い通りにいくこともあるし、いかないこともあります。むしろいかないことのほうが多いのではないでしょうか。株や投資、競馬、競輪、パチンコなどのギャンブルにのめりこむ人たちがいます。得することもあるし、損することもあります。損しても生活に支障をきたさない程度でこれらを楽しむ分にはいいのですが、人生そのものを賭けてしまうと大変なことになります。

ギャンブル依存症はその典型的な例でしょう。得するか損するか――これは自分の努力を超えたもので決まる可能性が高いわけで、それらに依存した人生は自らの主体性を放棄したことになるわけです。

これらは物や世間的な事柄に対して主体性をなくした事例ですが、同様のことは人物に対しても言えそうです。

私たちは、ある人物を評価する時、その人の本質ではなく、その人にくっついているレッテルで見てしまうのではないでしょうか。

学歴や社会的地位、肩書、年収、職業、出自、家柄、性、身体的特徴、障害の有無、家族構成、果ては血液型まで持ち出す始末です。（遊びの範囲ならいいのですが・・・）このようなレッテルで見方が左右されてしまうと、その本質を見誤ってしまうのです。

諸行無常による解釈

私たちは自分という存在に対し一定の認識（色）を持っていますが、この存在も実は一瞬たりとも同じではなく、常に変化している、つまり空なのです。

体はすべて細胞でできていますが、常に新陳代謝を繰り返し、古い細胞は日々刻々、新しい細胞にとって代わっています。昨日の私と今日の私は同じではありません。そして日々老化し、やがて肉体は滅びます。

また、あらゆる物質を構成している原子レベルで見ると、生命あるものもないものも、すべて原子でできていることが分かります。その集まり方や密度で選別されるのであり、そして命あるものも死ねば、原子自体なくなるわけでもありません。

死んで焼かれても、原子は煙や灰という別の形に変わるだけなのです。

このような卓越した宇宙的な見方をすれば、日々の迷いから脱却できるのではないでしょうか。

医学的解釈

人間は体（色）と心（空）の二つから成り立っています。体は色も形もあるので色、心は色も形もないので空と言えるでしょう。この二つが一緒になって人という存在を成しているわけです。エネルギー的に心は気とも言います。

さて、「病は気から」という言葉があるように、心と体は一体であり、お互いに影響を及ぼす関係にあります。心の健康は体の健康でもあるわけです。ストレスなどで心が病めば体も病みます。逆に体が病めば、心にも悪影響を及ぼすのです。

つまり心の健康は体の健康であり、体の健康は心の健康でもあるのです。これを心身一如と言います。それを自覚することで、心身ともに健康な状態になると言えるでしょう。

時間軸による解釈

時は過去→現在→未来と進みますが、私たちが喜びや悲しみ、怒り、苦しみなどを感じるのは、「いま、ここ」でしかありません。

過去において自分がやったことを後悔したり、未来に対し不安を感じて心が苦しくなったとしても、その苦しみや悲しみ、怒りといった感情は「いま、ここ」で味わっているだけで、断じて過去や未来にあるわけではありません。

過去はすでに過ぎ去った時間であり、未来はまだ来ぬ時間で不確定要素の濃い時間なのです。つまりそれらは幻想（空）なのです。

にもかかわらず、過去や未来を現時点（色）のものと錯覚し、現在の自分を苦しめるのは愚かなことではないでしょうか。

【ブログ】あすのことを思いわずらうな（2011年5月1日）

色々な不幸な事をきっかけに、将来に対して不安になったり、恐怖感を覚えたりすることがあります。そのようなストレスが、うつ病や神経症など、さまざまな心の病を発症するきっかけになることが多いようです。

このような時、私はイエス・キリストの次の言葉を思い出します（マタイによる福音書第6章34節）。「何を食べようか、何を飲もうかと、自分の命のことで思いわずらい、何を着ようかと自分のからだのことで思いわずらうな。命は食物にまさり、からだは着物にまさるではないか。空の鳥を見るがよい。まくことも、刈ることもせず、倉に取り入れることもしない。それだのに、あなたがたの天の父は彼らを養って下さる。」

この言葉は、イエスの言葉の中でも特に私の好きな言葉です。私自身、何かに悩んだりした時、この言葉を思い出すようにしています。「あすのことを思いわずらうな。あすのことは、あす自身が思いわずらうであろう。1日の苦労は、その日1日だけで十分である。」

この言葉の意味は、「世の中なるようにしかならないのだから、あすのことは何も考えなくていい。

あすのために、何かをしようとしなくていい」などと言っているのではありません。将来に対し不安になったり、最悪のことを想定して恐怖感を抱いたりするのは自然のことです。未来への不安感や危険に対する恐怖感を全然もっていなかったとしたら、人類はとっくの昔に滅んでいたことでしょう。

大切なのはバランスなのです。不安感や恐怖感が全然ないのは困るが、極端にありすぎると、それらは自分の心と体を傷つけてしまうのです。

考えてもみて下さい。自分のことを幸福かどうか、それを感じ取るのは現在の自分しかないではないですか。過去のことを思い出したり、未来のことを考えたりしても、思い出したり考えたりしているのは、「いま」「ここ」にいる自分なのです。

たとえば後悔ということを考えてみましょう。過去のあやまちを思い出し、悔んだり、怒ったりして暗い気持ちになったとしても、その不幸感を味わっているのは現在の自分です。反対に、過去の楽しかったことを思い出し、一人ウキウキした気分になったとしても、その幸福感を味わっているのは現在の自分なのです。

未来についても同じことです。将来への不安や恐怖という、自分を暗い気持ちにさせているのも、現在の自分です。幸福か不幸か——それを感じるのも「いま」「ここ」の自分だけなのです。

だから、あすの不安を取り除くため、やるべき事をやったら、もうそれ以上思いわずらうのはやめましょう。あとは天が決めてくれることなのです。「あすのことは、あす自身が思いわずらう」のですから・・・。

因縁による解釈

私たちが生きている現実（色）は、自我から見る限り、自分一人の力で生きているように錯覚しがちです。しかしすぐには把握できないような色々な縁によって生かされているのです。この縁を空と言っても差し支えありません。

毎日食べる農作物や海産物も、それらを生み出す人がいて、流通業者や小売業者を経て私たちの口に入ります。すべて色々な人の縁で生かされているわけです。

いや私は無人島で一人で生きている、という人がいるかも知れませんが、この人だって太陽や大地、海、空気があるから生きていけるのです。別の言い方をすれば、生命を司る気のエネルギーで生かされているのです。この謙虚さが大切ではないでしょうか。

陰陽論による解釈

陰陽論は中国医学・哲学の根本的な思想です。世の中のあらゆる事象を陰と陽に分けて考える二元論で、前進するもの、積極的なもの、明るいもの、上昇するものなどを陽とし、反対に後退するもの、消極的なもの、暗いもの、下降するものなどを陰とします。

その他、表が陽で裏が陰、光が陽で闇が陰など、対立する概念で世の中の事象を説明するわけです。さて、陰陽には二つの原則があります。それは陰陽の「対立性」と「依存性」です。対立性とは読んで字のごとく、上と下、軽と重、明と暗、前と後ろというように対立した概念です。とても分かりやすいですね。それでは依存性とは何でしょうか。

それはお互いが自分の存立のために相手に依存している、言い換えれば、相手を必要としている、ということなのです。表がなければ裏もないし、日向がなければ日陰もありません。陰がなければ陽はないし、その逆も真なのです。別の言い方をすれば、陰のためには陽が、陽のためには陰が必要ということなのです。

この点を般若心経に照らして考えてみましょう。般若心経では「色」と「空」は色即是空で同じだと言っているわけですが、どのように同じなのでしょうか。その解釈がいろいろできるのですが、この陰陽の依存性という観点からの解釈もできるのではないでしょうか。つまり、色は空なくしてはありえないし、空も色がなければ存在できません。別の言い方をすれば、色のためには空が、空のためには色が必要ということなのです。

人生は山あり谷ありですが、山のためには谷が必要なのです。病気になることがあるから、私たちは健康に感謝できるのです。同様に、死があるから生を実感できるのです。戦争の残虐さや悲惨さを知っているから、平和のありがたさが分かるのです。私たちは苦しみや悲しみなどの経験を避けようとします。しかしそれらは喜びのための必要な条件なのです。

観音様が般若心経において、一切の苦悩から解放されたと説いていますが、それはこの苦悩自体が喜びの源泉であると悟ったからではないでしょうか。

スピリチュアル的解釈①

肉体（色）と精神、心（空）がひとつになって、現世において私たち人間は生存しているのですが、スピリチュアルな見方をすれば、魂が肉体をまとっているとも言えるでしょう。

輪廻転生の理論によれば、魂はあの世とこの世を何回も行き来し、生まれ変わりを繰り返すわけです。何のために？　魂の浄化のためです。もっと具体的に言いますと、愛を知るため、愛を実践するためだと私は思っています。そのために輪廻が必要なのです。

さて、肉体の衣をまとったままでは魂はあの世へ行けません。だから肉体の衣を脱ぐ。これを死と言います。

死んであの世へ行く時は、肉体および現世で得た色々なものも捨てなければなりません。だから、あの世へ持っていけないものには本質的に価値はないのです。

肌の色や国籍、性、肉体的特徴、容姿はもちろんのこと、現世で得た財産、社会的地位、肩書、学歴、出自などすべて捨てなければなりません。

何百万円もする時計をはめ、高級ブランドで身を固め、高級車を乗り回しても、すべてあの世へ持って行くことはできないのです。

それなのに人間は愚かにも、そんなものをお互い奪い合い、競争し、嫉妬や騙し合ったりして心の安定を妨げているのです。

魂にとって本当に大切なもの、価値のあるものは何でしょうか。それは今生における経験です。あなたはどんな人生を歩んできたのでしょうか。喜びや悲しみ、苦しみ、怒り、感謝、挫折、孤独――さまざまな感情をもたらす経験を積んできたはずです。その経験からいったい何を学んだのでしょうか。その学びこそ、魂にとって大切な価値なのです。

【ブログ】あの世に持っていけないものには価値がない（２０２１年３月21日）

輪廻転生という生まれ変わりを信じるならば（ちなみに私は信じています）、人生観はガラリと変わってきます。その一つが、この世で得たものに対する価値意識です。

魂は成長のために何度もこの世とあの世を行き来します。だから現世だけに通用するようなものには価値がありません。私たちは肉体という衣を着なければ、この世に生まれることはできません。逆に、この衣を脱ぎ捨てなければ、あの世に行くことはできないのです。肉体という衣を着ることを「誕生」と言い、脱ぎ捨てることを「死」と言います。

そして死ぬ時、肉体と共に付随した雑多なものも捨てなければならないのです。

人種や性、肌の色、障害はもちろんのこと、この世で莫大な財産を築いても、豪華な家や高級車を所有していても、高級ブランドの服や装飾品で身を飾っていても、そんなものはあの世に持っていくことはできません。また社会的地位や肩書、名誉などもあの世に持っていけないのです。

だからこの世において皆が、こんな価値のないものに血眼になり、人と争い、嫉妬や差別、誹謗中傷を繰り返す愚かさに気づかなければならないでしょう。魂にとって本当に大切なもの、価値のあるものは何なのでしょうか。

スピリチュアル的解釈②

この世は娑婆と言い、苦の世界です。この苦の世界をいかに生きるか――ここに魂を浄化させるヒントがあります。何回も生まれ変わって、色々な立場に立ち、さまざまな体験をする必要があるのです。

男に生まれたり女に生まれたり、日本人として生まれたりエチオピア人になったり、大富豪の家に生まれたり貧乏の家に生まれたり、身体や精神に障害を抱えたり、容姿や能力が高かったりそうでなかったり――とにかく魂は色々な立場を体験しようとしているのです。

このような魂の立場から見てみると、私たちの人生は魂が計画したものであり、あるシナリオに従って生きているのではないでしょうか。

人生は1回限りと言われます。確かに今生に関して言えば1回限りでしょう。しかし輪廻転生する魂から見れば、過去何百回という人生の中の一つにすぎないのです。つまり現実の今生の人生(色)は、魂の目から見れば幻想(空)でしかありません。まさに色即是空ですね。

私は子供の頃、よく怖い夢を見ました。お化けが私を追いかけてきて、私は必死に逃げているのです。そしてついに捕まりそうになった時、ふっと夢から覚めるのです。そして胸をなでおろしながら思うのです。「ああ夢で良かった」と。

今生の人生（色）も実はこれと同じように、魂にとっては夢（空）なのかも知れません。現実に起こるさまざまな苦難も、夢の中の出来事と思えば、心が追いつめられることもなく、泰然として生きていくことができるのではないでしょうか。

このことは映画に例えるとわかりやすいでしょう。私たちは皆、人生という映画の主人公で、そのあらすじに従って主人公の立場を演じているのです。この映画はあらすじはありますが、アドリブもきき、その場の判断で色々演じていい映画です。

そして主人公である私は、自分の出演した映画を見ることができます。この状況はまさに、魂が輪廻転生して歩んできた多くの自分の人生を眺めているのと同じではないでしょうか。

つまり人生は映画のようなもので幻想（空）であり、魂という真我がその人生を俯瞰的に見ることで、あらゆる苦厄から解放されるのです。観音様はそのことを悟ったので、色即是空――今生の人生は夢であり幻想である。だからそんなに真剣に悩みなさんな、ということなのでしょう。

【ブログ】

スピリチュアルの視点での俳優という職業（2021年4月22日）

俳優というのは、とても面白い職業だと私は思っています。スピリチュアル的には、とても得な職業だと・・・。

輪廻転生という考えでは、魂は何回もあの世とこの世を行き来し、生まれ変わりを繰り返すと言います。それは魂のレベルを上げるためです。具体的には、愛を知り、愛を実践できる魂になるためだと、私は思っています。

さて、そのためには魂は色々な人物を体験する必要があるのです。男に生まれたり女に生まれたり、大富豪の家に生まれたり、極貧の家に生まれたり、同性愛者や障がい者として生きたり・・色々な人物、立場を体験することで、その気持ちや心情、考え方を理解し、そして魂は成長していくのではないでしょうか。

しかしたくさんの立場を体験するためには、1回や2回の生まれ変わりでは足りません。だから何百回も輪廻転生するのでしょう。

映画や舞台、テレビなどで様々な役柄を演じる俳優という職業は、疑似体験ではあるけれど、フィクションの中で様々な人生を体験できるのです。大企業の社長になったり、一国の首相になったり、ホームレスになったり、殺人を犯したり、その被害者の親になったり、刑事になったりして、実際の人生ではなかなか味わえないような役を演じるわけです。

そして迫真の演技をするためには、その役になりきらなくてはなりません。その役の人生の心情、苦悩、喜びなどを理解するよう努めるのです。

これはまさに疑似体験とはいえ、生まれ変わりの体験に通じるのではないでしょうか。

そして注目すべきことは、自分が出演した映画を自分が見ることができることです。つまり、自分自身を俯瞰して見られるのです。

実は、実際の人生もこれと同じではないかと私は思っています。魂が色々な人物を体験できるように、私はその主人公となって、人生という映画の中で生きている。

この映画はあらすじはあるが、アドリブのきく映画で、場面場面で自分の判断が試される――人生はこんな映画なのでしょう。また実際の人生でいろいろ苦しいこと、悲しいことがあったとしても、それは輪廻の中の映画で起こったことと理解できれば、その苦悩はかなり癒されるのではないでしょうか。

そして魂は自分の主演した映画を、まるで観客が見るように俯瞰して見ている。

般若心経の「色即是空」は、このことを示しているのではないでしょうか。実際の人生（色）は、実は自分が主演した映画という幻想（空）であり、それを俯瞰して見ることで、この人生の苦悩から脱却できるのではないでしょうか。

あとがき

私の中学時代の修学旅行は京都・奈良でした。奈良の薬師寺に行った時（薬師寺は国宝の薬師三尊像が有名で、真ん中に薬師如来、左右に日光菩薩と月光菩薩を配しています）、管長さんが私たちに向かって次のような説法をしてくださいました。

それは如来と菩薩の違いについてで、悟りを開いた人のことを如来と言い、それに向かって努力している人を菩薩と言うのだと。だからあなた方はみな菩薩なのです、という話でした。だいぶ昔のことなのでうろ覚えの部分もありますが、とても印象的だったので、その内容は覚えているのです。う〜ん、私も菩薩なのか、と。

私は本書で、幸福になるヒントや悩みがなくなるポイントなど、いろいろ書いてきました。つまり「悟ったような」ことを書いてきましたが、けっして「悟っている」わけではありません。なぜなら、悟りを開くとは言行一致していなければならないからです。「言う」とか「書く」のは簡単ですが、それを実行するのは大変に難しいのです。１００％言行一致している人、そんな神様みたいな人は、世の中にほとんどいないのではないでしょうか。

言行一致するためには、完全に自己をコントロールできなければいけません。たとえば、イライラしてはいけないと思った時、その感情を完全にコントロールし、イライラしないで済む、というようなことです。でもそんなことはできません。ついついイライラしてしまう、そんな弱さを持っていることを私は自覚しています。

こうすれば悩みは解消する、と本書で言っても、その通り自分ができているか、というとなかなかできない。だから私は「悟っている」わけではありません。

よく「悟りを開いた」とか言って、新興宗教の教祖様になったりする人がいますが、私はとてもとても、そんなレベルには達していません。でもなんとか高いレベルに自分を持っていこうと努力はしている——だから菩薩なんでしょうね。いや私だけでなく、本書の読者である皆様方もみな菩薩です。なぜなら本書を読むような方は、人生の高みを目指して努力するような人でしょうから。

本書は私の人生の集大成であり、生きた証を残したかったのです。だからできるだけ多くの方に読んでほしいと思っています。

本書のタイトル「男を政界から追い出そう」は、できるだけ多くの人に本書を手に取っていただきたく、刺激的な題名にした結果です。また追い出すというのは、本書の趣旨（世界平和のためには、国籍や人種、宗教、性などで人を差別したり排除したりしてはならない）と矛盾することも分かっています。

実際、全世界の政界から男を排除することなどできません。だからこのタイトルはあくまでも比喩的表現とご理解ください。ただ私はこの日本がもっと女性が活躍できる社会になってほしいと望んでいます。

世界経済フォーラムによれば、ジェンダーの男女平等に関して言えば、日本は世界146か国中118位と低迷しています（2024年6月発表）。その主な根拠は政治や経済の分野で活躍している女性が少ないという点なのです。事実、2024年10月に発足した石破内閣の顔ぶれを見ると、閣僚20人のうち、女性閣僚はたったの2人しかいません。

また男性に関して言えば、自身の性ホルモンであるテストステロンの特徴、その良い点と問題点をもっと把握してほしいと思っています。

本書の文責はすべて著者にあります。私は本書において、自分の人生観、世界観を書きました。言い換えれば私の人生論であり、平和論であり、私の哲学なのです。そして哲学と言えるためには反論が必要なのです。科学哲学者のカール・ポパーが科学を定義して「反証できないものは科学ではない」と言っていますが、その論旨を哲学に応用すれば、反論できないものは哲学ではない、と言えるのではないでしょうか。

たとえば私が「自分の欲望のために人を殺すのは良くない」と主張したとします。この意見に対し、誰か反論できる人がいるでしょうか。あまりにも当たり前の意見なので誰も反論できません。したがってこの私の主張は哲学ではないのです。

しかし次のような主張ならどうでしょうか。ヒトラーは何回も暗殺未遂事件に遭遇しました。でも彼は悪運が強く、すべて難を逃れたのです。歴史に「もし」はありませんが、もしも彼が殺されていたら、第二次世界大戦は起こらなかったかもしれないし、600万人ものユダヤ人が強制収容所で殺されることもなかったかもしれません。だからヒトラーのような人物を殺すことは正義であり、良いことなのだと。

この主張には賛同する方もいるでしょうが、同時に多くの反論をいただくことになるでしょう。日本や中国には死刑制度がありますが、これらの国は少数派で、多くの国は死刑制度を廃止しています。その根拠はいくつかありますが、その中心的な論拠は、「いかなる理由があろうとも、人が人を恣意的に殺すことは許されない」ということです。なぜなら、殺人の理由を認めてしまうと、いろいろ理由づけをして殺人を正当化できるからです。

死刑存続論にも死刑廃止論にも、それぞれ納得できる理由があります。だから意見を闘わすことで、生とは何か、死とは何か、人生とは何かを考えさせてくれるのです。まさにここに哲学があるのです。

本書での私の主張に対し、賛同の意見はもちろん、反論も歓迎いたします。そこで意見を闘わすことで、お互いが立場の違いを理解し、人間的な成長が期待できるからです。ご意見の投稿は気功サロンのホームページ（「気功サロン」で検索）の「お問い合わせ」欄にてお願いいたします。ただし、誹謗中傷や個人的な人格攻撃は固くお断りいたします。そこには建設的なものは何もなく、なにより哲学ではないからです。

最後に本書の出版にあたり、「優しい食卓」の篠原康仁氏に大変お世話になりました。ここに深く感謝申し上げます。また私の仕事場である気功サロンの生徒の皆様、また家族や仲間の皆様に感謝申し上げます。

参考文献

中野信子「サイコパス」文春新書
橘玲「スピリチュアルズ「わたし」の謎」幻冬舎
佐藤勝彦監修「量子論がみるみるわかる本」ＰＨＰ研究所
無能唱元「得する人」日本経営合理化協会
ブライアン・Ｌ・ワイス「ワイス博士の瞑想法」山川紘矢・亜希子訳　ＰＨＰ研究所
ひろさちや「生きるのが楽になる仏教の本」芸文社
ひろさちや「入門　般若心経の読み方」日本実業出版社
リチャード・ドーキンス「神は妄想である」垂水雄二訳　早川書房
リチャード・ワイズマン「その科学が成功を決める」文芸春秋
キルケゴール「愛のわざ」武藤一雄、芦津丈夫訳　白水社
マーティン・リース「今世紀で人類は終わる?」草思社
オルテガ・イ・ガセット「大学の使命」井上正訳　新世界叢書
相田みつを「おかげさん」ダイヤモンド社

中島　克己　なかじま　かつみ

気功師・整体師　元東日本療術師協会会員
横浜市出身

1972年　明治大学英米文学科卒
1995年　中国気功センター気功師養成講座上級課程修了
1999年　気功メディカルセンターで気功師として活躍
2003年　東京療術学院整体師養成講座本科終了
2003年　「元気プラザBe-Well!」にて外気功の普及・拡大に尽力
2008年　スタジオ「OHANA」にて外気功の教室・施術を開始
2013年　教室を四谷に移転し、「気功サロン」の名で独立

男を政界から追い出そう

2024年11月8日　初版発行

著　者　中島　克己
発行所　株式会社優しい食卓

ISBN978-4-901359-83-2